超级谈判力

通过谈判
得到你想要的一切

中国纺织出版社

内 容 提 要

谈判就存在于我们每天的生活里，社会其实就是一个大的谈判桌，而你的对手，包括每天出现在你生活当中的每一个人，你的伴侣、孩子、父母、老板、工作伙伴、竞争对手。当你具有了出色的谈判力，那么不管在生活还是在工作中，你都能得到你想要的一切。

谈判对我们的生活影响深远，但是它并非遥不可及的专业科学，每个人都可以通过不断的学习和练习来提高自己的谈判技巧。高超的谈判技巧将帮助你赢得你所需要的，只要掌握和运用好谈判的力量，你就能成功地谈成任何事情。

本书通过大量真实的案例以及作者独特的感悟，通俗易懂地讲述了各个方面和领域的谈判技巧，以及如何避免在谈判中出现失误、如何洞察你对手的心理。相信无论为了增加自身兴趣，还是正在学习如何与对手谈判，本书都将给你带来一些收获，让你获益良多。

图书在版编目（CIP）数据

超级谈判力：通过谈判得到你想要的一切 / 木子著.
—北京：中国纺织出版社，2016.9 （2024.1重印）
ISBN 978-7-5180-2628-9

Ⅰ.①超… Ⅱ.①木… Ⅲ.①谈判学—通俗读物
Ⅳ.①C912.3—49

中国版本图书馆CIP数据核字（2016）第112631号

策划编辑：郝珊珊　　责任印制：储志伟

中国纺织出版社出版发行
地址：北京市朝阳区百子湾东里A407号楼　邮政编码：100124
销售电话：010—67004422　传真：010—87155801
http：//www.c-textilep.com
E-mail：faxing@c-textilep.com
中国纺织出版社天猫旗舰店
官方微博http：//weibo.com/2119887771
北京兰星球彩色印刷有限公司　　各地新华书店经销
2016年9月第1版　2024年1月第3次印刷
开本：710×1000　1/16　印张：15
字数：171千字　定价：48.00元

前言 PREFACE

很多人认为，这个世界上成功的人都是那些受过良好教育、家境优越的人。其实，当我们观察很多成功者的时候，会发现，他们大多具有一个常人无法比拟的特点，那就是谈判能力强、口才好，当他们想要向你表达一件事情时，能简单易懂地让你明白；当他们想要让你接受他们的思想或者产品时，能让你毫无拒绝的办法。

很多人觉得，谈判这件事情离我太遥远，我不是做销售的，也不是公司谈判代表，这辈子可能都无法坐到谈判桌前，因此，对于我来说，用不着学习如何谈判。其实不然，谈判就存在于我们每天的生活里，社会其实就是一个大的谈判桌，而你的对手，就包括了每天出现在你生活当中的每一个人。

当我向别人滔滔不绝地讲述谈判的重要性，阐述谈判可以帮我们赢得想要的一切时，经常有人会一头雾水地问：那么，到底什么是谈判呢？我认为，谈判就是一个人综合运用自己所掌握的信息和资源，用以说服对方按照自己的意愿来行事的一种力量。当然，双方会在这个过程中作出适当的让步和妥协，谈判的最终结果就是我们在用多种力量所形成的影响力去左右人们的行为及反应。

当然，很少有人能够在看到如上的定义之后恍然大悟，简单地说，谈判就是要求别人按照你的想法去做点什么。如果你仔细考虑一下自己的生活，你就会发现，从某种意义上讲，谈判贯穿了我们生活中的全部细节，不论我们是否以谈判为谋生手段，谈判都会出现在我们的工作和私人生活之中。在生活中的每一个细小方面，我们都在不断地与他人进行着谈判。比如在家庭中，丈夫同妻子谈判，妻子也在和丈夫谈判；孩子和父母谈判，父母也在和孩子谈判。甚至兄弟姐妹之间，为了分配玩具或者家产，也要坐下来谈一谈。

谈判对我们的生活影响深远，但是它非遥不可及的专业科学，每个人都可以通过不断的学习和练习来提高自己的谈判技巧。高超的谈判技巧将帮助你赢得你所需要的一切，只要掌握和运用好谈判的力量，你就能成功地谈成任何事情。

本书通过大量真实的案例以及作者独特的感悟，通俗易懂地讲述了各个方面和领域的谈判技巧，以及如何避免在谈判中出现失误、如何洞察你对手的心理。相信无论是为了增加自身兴趣，还是正在学习如何与对手谈判，本书都将给你带来一些收获，让你获益良多。

木子

2016年4月

CONTENTS

目录

part 1 谈判的较量始于谈判开始之前

part 2 谈判场也是战场，攻心最是为上

part 3 先声夺人，开局好才可步步为营

part 4 谈判犹如球赛，前半场要先探听虚实

目录 Contents

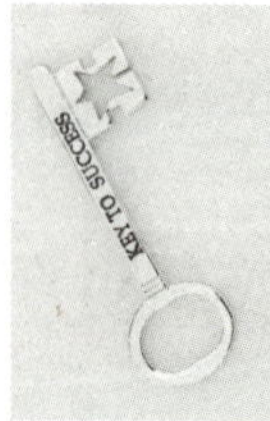

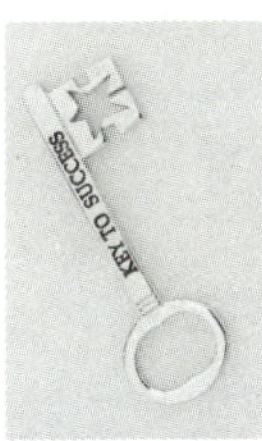

CONTENTS

part 9 谈判谋略重要，技巧更不可少

part 10 谈判场也有雷区，有些禁忌碰不得

part 11 谈判场上没有敌人，双赢才是最好的结局

Part 1

谈判的较量始于谈判开始之前

1.没有准备，如何打赢这场仗

著名哲学家培根如是说："与人谋事，则须知其习性，以引导之；明其目的，以劝诱之；知其弱点，以威吓之；察其优势，以钳制之。与奸猾之人谋事，唯时刻不忘其所图，方能知其所言；说话宜少，且须出其最不当意之际。于一切艰难的谈判之中，不可存一蹴而就之想，唯利而图之，以待瓜熟蒂落。"培根之说与《孙子兵法》的论点可谓异曲同工，无不指出说服前摸清对手底细的重要性。说服前只有对自己和对方了解得越具体、越深入，才能准备得越充分、越到位，在说服中才能越有力地掌握谈判的主动权，才能更有效地达到说服目的。

南美国家智利有一家大型铜矿企业，因为遭遇重大事故而导致资金链断裂，不得不将事故发生前从美国、德国购买的大批"道奇""奔驰"等重型卡车折价拍卖。一家中国企业得知这一消息，在第一时间派出了一个精干的谈判小组前往智利。中方小组到达智利后，首先到车库一辆一辆仔细检查了这批卡车，经过详尽细致的检查后，得出了这批卡车的质量完全合格的结论。接着，中方小组开始搜集这家智利铜矿企业的经营信息，分析其企业的资金缺口和急需的资金数量，最终确定其拍卖卡车的心理价位应该在卡车出厂价的35%–45%。依据这些准确的信息，中方小组和智利企业进行了几轮激烈的谈判，最终以原始车价38%的价格购入了1500辆重型卡车，仅此一项，就为国家节省了数千万美元。

由此可见，知己知彼是占得谈判先机的不二法宝。当然，在谈判桌上的知彼更多带有灵活应变的因素，而在谈判前对于对方根底的探查可以让自己在谈判中更从容。

中国一家计算机企业曾与美国某公司谈判一项设备购买订单。美商率先报价200万美元，由于中方已经事先探取情报——半年前，美商曾以108万美元将同样的设备卖给日本企业。因此，听闻美商的报价后，中方坚决表示不同意。美商表示为了促成生意，决定再降10万美元，中方仍然不为所动。美商顿时恼羞成怒，当场表示再降5万美元，如果不能成交就取消这笔订单。中方对于美商的伎俩无动于衷，坚持要求再降。

美商恼怒之下扬长而去，中方的谈判代表则不慌不忙，他们认为，美商绝对不会真的取消订单，肯定还会回来继续谈判。果然不出中方所料，两天之后，美商代表主动找到中方公司的谈判代表，表示价格还可以商量。就这样，由于中方事先掌握了美商相对真实的销售价格，占据了主动权，最终迫使美商将价格降至合理价位后成交。

一般来说，了解对方谈判人员的身份地位、性格爱好，以及能力权限、谈判经验是知彼的基础，之后，不妨再深入搜集对方谈判队伍的内部信息，比如，对方谈判者之间的相互关系是否存在矛盾、谁是主谈人员及他的意见倾向、谈判者之间是否存在和主谈人员意见相左的观点，等等。若更进一步挖掘，则可以从第三方探取对方曾经就类似项目的谈判情况、真实需求、心理预期，等等，这些信息的获取对于谈判方案的准备至关重要。

那么，如何更充分地知彼、更全面地获取更多对方的信息呢？如果内部团队中有与对方熟识的人员，亲自探询自然是最省事、最直接的办法。如果没有这种便利条件，不妨运用“六度空间理论”，委托和对方熟识或打过交道的第三方，间接探询对方的信息。另外，我们还可以通过调查市场上类似项目的情况，通过比较来预测对方的信息。

当然，这些信息的获取难免存在一定的主观性或误差，需要谈判人员在实际谈判中根据现实情况随时灵活调整。聪明的谈判人员还会通过迂回的提问方式来探取对方的底牌，只有这样知己知彼，才能立于说服的不败之地。

知己知彼之后，如果能够掌握对方的兴趣，进行说服时就会事半功倍。因为，兴趣是一个人最好的导师。一方面，它可以引导一个人对其热爱的某一领域进行深入研究；另一方面，人们可以通过分析一个人的兴趣，找出其性格特点，为己所用。在谈判中，观人所好，是识人知彼、掌握谈判主动权，说服对方最好的“灵丹妙药”。

美国纽约有一家颇有名气的面包公司，旗下的面包以极好的口碑销遍几乎整个纽约。尽管如此，纽约一家大饭店却不买账。三年来，面包公司的经理换了两任，然而不管是正面进攻还是旁敲侧击，依然不能将其面包打进这家大饭店。这家大饭店的“傲慢”引起了面包公司新任经理杰克的极大好奇，更激起了杰克要把面包推销给这家饭店的决心。

杰克通过各种途径搜集了饭店经理迈克尔的资料。通过分析，他发现迈克尔除了担任这家饭店的经理一职外，还是美国饭店协会的会长。而且，这位会长非常热衷协会工作，但凡协会召开的会议，无论大小，都会雷打不动地亲临会议现场。

发现了这一线索后，杰克顿时心生一计。他开始搜集有关美国饭店协会的各种资料，对之了然于心。而后，杰克寻了个合适的机会找到迈克尔。杰克见到迈克尔后，绝口不提推销面包的事，而是与之大谈特谈美国饭店协会的各种情况，并声称自己对该协会非常感兴趣，准备加入其中，希望迈克尔多加指导。迈克尔对杰克的此次来访显然非常高兴，一改往日对面包公司人员的冷漠态度，对杰克提出的关于协会的各种问题和建议给予了详细解答，并极力邀请杰克加入。

尽管杰克这次拜访迈克尔丝毫没有谈及面包的推销一事，然而，在拜访的第二天，大饭店的采购部门主动打电话给杰克所在的面包公司，表示今后要大量订购这里的面包。

至此，杰克成功攻下了这座“大堡垒”，将面包公司的销售又往前推进了一步。

为什么面包公司为了向这家饭店推销面包，耗时三年、绞尽脑汁却没有卖出一个面包，而杰克只是漫无边际地和饭店经理聊些与面包风马牛不相及的饭店协会的事，就轻松搞定了这个大单子？原因在于杰克巧妙地抓住了饭店经理热衷饭店协会这一关键，并投其所好，拉近了与对方的心理距离，最终取得了令人意想不到的成功。

在谈判中，投人所好是一种四两拨千斤的妙计。当谈判停滞不前或毫无头绪时，不妨停下来，换个角度，从对方的性格特点、兴趣爱好入手，细细研究对方的好恶，并学会爱屋及乌，从而另辟蹊径。

世界上最伟大的推销员乔·吉拉德便是擅长运用投其所好这一谈判术的高手。

一位陌生的先生来到乔·吉拉德所在的汽车展厅，乔·吉拉德一看到这位“上帝”，便惊叹“生意来了”。只见乔·吉拉德热情地朝这位先生走去，却没有像别的推销员一样滔滔不绝地介绍各种汽车，相反，他半开玩笑地问对方：“先生，请让我猜猜您的职业吧！我敢保证，您绝对是一名敬业的律师。”

要知道，律师在美国是一个备受尊重的高薪职业，因此，即使猜错了，对方也明白谈话者是出于尊重才这么说的。所以，这种“抬举”式的猜测是开启话题的绝好方式。

当然，乔·吉拉德的用意可不止如此，他要通过这种猜测来探出对方的真正身份。

果然，那位先生听到乔·吉拉德如此猜测自己，一边很高兴地说“不，不是”，一边解释自己的真实身份只是一个宰牛的屠夫。

屠夫在美国并不是一个很有地位的职业，然而，聪明的乔·吉拉德借题发挥：“真的吗？您太棒了！我一直不明白我们吃的牛肉是怎么来的，您能给我详细介绍一下吗？如果方便的话，您能带我全程参观一下吗？”这位看车的先生听到乔·吉拉德非但没有表现出对自己职业的不屑，反而充满了真诚的崇拜，于是，便当场向乔·吉拉德介绍起自己的职业来。面对乔·吉拉德的真诚赞许和好奇询问，这位先生满是自豪地耐心解释。最后，这位先生不仅买下了乔·吉拉德推荐的汽车，还非常热情地邀请乔·吉拉德去屠场参观杀牛。

乔·吉拉德正是投人所好，以人之所好为沟通契机，赢得对方的共鸣，进而顺利实现自己的销售。由此可见，抓住对方的兴趣所在是谈判中一根可以往下摸瓜的“藤”。

当然，面对陌生的对手，要想准确地捕捉到对方的兴趣点并不是件轻而易举的事。在毫无线索的情况下，不妨从对方的外在装扮中推测其兴趣。比如，一个整天挂着单反相机的人，很可能对摄影感兴趣：一个经常耳朵塞着耳塞的人，很可能对音乐感兴趣……哪怕在“山重水复疑无路”时，一句“您的衣服在哪儿买的，真有品位”等近乎客套的话都能立竿见影地缓和气氛，令你“柳暗花明又一村”。

要知道，谈判者再理性也是人，是人就有爱好，有爱好就有谈资，抓住了共同的谈资，再要找到谈判的突破口显然就容易多了。

2.“比赛”开始前，相互之间的寒暄有门道

一些谈判高手在谈判开始前，会先和对手寒暄一番，用这种形式来探测对手的底细，找到对手的弱点，利用这些信息在谈判桌上打败对手，为自己争取更多的利益。面对这样的人，你说话一定要小心，不要把一些重要的信息泄露给对方，以免失去先机。

在实际谈判中，很多经验不足的谈判者很容易犯这样的错误。当对手表现得非常友好，找机会和他们寒暄时，他们往往会放松戒备，在不知不觉间就把自己的信息透露给了对方。日本松下电器的创始人松下幸之助在刚出道时，就曾经犯过这样错误，被对手用寒暄的形式探知重要信息，导致自己遭受了重大损失。

那是松下幸之助第一次到东京，接待他的批发商在开始和他谈判前，非常友善地和他寒暄，说：“我们好像是第一次打交道吧？好像以前没有见过你。”

听对方那么友好地对他说话，松下幸之助立即友善地回答说：“您说得没错，我第一次来东京，有很多地方不是很懂，希望您多指教。”

批发商又问：“你们的产品，你准备以什么价格出售？”

松下幸之助仍然非常老实地回答对方：“产品的成本价是20元，但是我准备卖25元。”

批发商说：“你初次来东京做生意，应该秉承薄利多销的原则，刚开始时，产品要卖得便宜一些，我看每件产品20元，怎么样？”

最后松下幸之助为了完成首次交易，只能“哑巴吃黄连”，答应了对方

的要求。

事例中的那位批发商可谓谈判的高手，他在没有正式开始谈判前，就通过简单的寒暄套出了很多有用的信息。他先试探地说“我们好像是第一次打交道”“好像以前没有见过你”，这是想探知松下幸之助是生意场上的新手还是老手。而松下并未意识到这一点，因此很老实地“出卖”了自己——“我是第一次来东京”“很多地方不是很懂”，这样的诚实、谦虚和礼貌，恰恰给对方透露了真实的信息——自己初来东京，没有做生意的经验。如果就此打住也罢，对方再问什么时就提高警惕，可是松下依然没有意识到这一点，而是在对方问价格时，他又老老实实地说出“成本价是20元”“准备卖25元”，这就又把自己“急于打开产品出路”的信息透露给了对方，结果无形中把自己置于一个劣势地位，导致失去了先机，开局就输给了对方。

那么，究竟怎样才能做到既不影响交谈氛围又不泄露自己的重要信息呢？优秀的谈判者往往能够灵活应对，一旦涉及个人信息问题，他们往往会巧妙地转移话题。不仅如此，他们还能从寒暄中了解对手的信息，为自己赢取先机。下面事例中的刘峰就是这样一位谈判者。

刘峰有一次去外地与一家公司洽谈合作，在开始谈判前，那家公司的谈判代表热情地款待了他。席间，他们不免要聊起家常。

对方谈判代表说：“你是第一次到我们这个地方来吧？”

刘峰说：“哪里，我和这座城市渊源不浅呢。”

对方谈判代表说：“这么说你经常来这边出差？”

刘峰说：“我来这边很多次了，一直听说你们这地方的小吃很有名，这次过来主要是为了尝尝这里的美食。”

对方谈判代表又问：“那你准备在这边待多久？我们这边的美食可不是一天两天就能全部尝完的。”

刘峰说："我尝尝几种主要的美食就满足了。在来之前，我听说你在美食方面颇有研究？"

这个话题让对方谈判代表非常感兴趣，于是便开始讲述自己寻找美食的经历，以及自己尝过的美食有哪些，在这个过程中遇到过哪些尴尬的事情……

就在对方滔滔不绝地讲述自己的经历时，刘峰获得了很多重要的信息：对方是一个很讲原则的人，不会在言语上和别人起冲突，但是一旦遇到挑衅的人，也绝不会惧怕。刘峰明白，和这种人谈判要特别注意自己的言辞，要善于说软话。

于是刘峰便使用这种交谈策略，结果他的谈判进行得非常顺利。

在与对手的整个谈话过程中，刘峰高超的寒暄技巧展露无遗。开始时，对方想要通过与刘峰的寒暄，了解刘峰的工作经验，结果刘峰巧妙地回答说自己和这座城市有很深的渊源，避开了这个话题；第二次对手想要从寒暄中探知刘峰的谈判期限，也被刘峰巧妙地转移了话题，并趁机激起对方的交谈兴趣，探知了对方的很多信息，并根据这些信息制定了一定的谈判策略，进而成功完成谈判。可以说，刘峰充分运用了自己的头脑和舌尖，让自己的灵活机智通过舌尖流露出来，既不影响寒暄的氛围，又未泄露自己的重要信息，同时还让对方开口说话，并从对方的话语里获取了重要的信息。作为谈判者，刘峰的寒暄技巧值得我们学习借鉴并运用在实际谈判中，从而掌握谈判开局的主动权。

3.控制情绪，谈判要做到喜怒不形于色

在谈判中，谈判者最忌讳的就是慌乱、狂躁不安，自乱阵脚，言语过激，以至于语无伦次，漏洞百出，这样很容易给了对手以可乘之机，同时也会让自己陷入被动。因此，哪怕谈判形势危急，谈判者也需要控制好自己的情绪，喜怒不形于色，占据心理优势，积极寻找对策，伺机反击。谈判中常常会出现一些争执，这是极为正常的，但谈判并不是吵架，不是逞了一时口舌之快，就代表赢得了所有的胜利。反之，如果对手用侮辱性的语言激怒了你，而你火冒三丈，出言不逊，那你的处境将由主动变为被动，这样你就只能被对手牵着鼻子走了。

喜怒不形于色是谈判的一项基本技巧，太过情绪化的人会显得很不成熟。高兴就情不自禁，难过就立刻黑下脸，把心事全部写在脸上，很容易让对方看透你的内心，在双方进行谈判时就很容易吃亏。

大千世界，我们肯定会有看不惯的人和事，肯定会有不满，但在人际交往和谈判中，一定要学会隐藏自己的情绪，否则，情绪外露、言辞过激很容易得罪人。

张侃是一个自由撰稿人，在文字圈里小有名气，但是他有些恃才傲物，性格比较极端，所以遇到了很多阻力，有些出版社拒绝与他合作。

张侃最大的缺点就是藏不住事，所有情绪都写在脸上，一不高兴，脸色就非常难看，甚至面露凶光。

很多人都劝他收敛一下自己的坏脾气，要学会喜怒不形于色，哪怕再不

高兴也要控制自己，张侃却不以为意。

有一次，张侃写了一篇新稿子，带着去出版社洽谈。负责接待他的主编是位新人，对很多专业问题都不是很了解。

“我觉得你的稿子有问题，这里，还有这里都不是很好。”主编看完后，表达了自己的想法。

“这里是个伏笔，是全文的主线，去掉就不好了。”张侃一看主编就是个外行，满脸不屑地解释。

主编看到张侃的神情，对他的印象一下子就变差了，只是没表现出来。

“我觉得你的故事也不够吸引人，你还是回去改改再发给我吧。”主编大体看了一遍，还是不满意。

这下张侃不干了，从椅子上弹了起来，说：“我的故事多好看啊！环环相扣，又有悬念，你懂不懂啊？”

看到张侃这么激动，主编强忍着怒气，把稿子扔在桌子上说：“你是个大牌作者，我们用不起，还是不要合作了。”主编虽然没有表现出震怒，但拒绝得很坚决。

没办法，张侃虽然心有不甘，也只能恨恨地离开了。

张侃所有的情绪都被明眼的主编看在眼里，他的轻视和不满，让主编很生气。最后他情绪大爆发，导致主编直接把他给淘汰了。主编说得是有些不合理，但作为作者，张侃应该隐藏自己的不满，这样才能赢得对方的好感，争取到合作机会，但很可惜，他并未做好。

喜怒不形于色不是虚伪和做作，而是一种聪明的处世手段，是保护自己、赢得别人信任的交往技巧。在交际或想要说服对方时，如果你的情绪太过明显，太过容易被人看透，那么必将陷入被动的境地，给了别人讨厌自己或利用自己的机会。

有些人很固执，他们不愿意戴着面具，认为最真实的自己才是最好的。我们不完全否定他们的想法，但是世上的人形形色色，好坏难以辨别，如果你的真实被不怀好意的人加以利用，最终受伤害的肯定是自己。

所以，我们要用正确、成熟的眼光来看待喜怒不形于色的问题，不要武断否定，这在交际中是很危险的行为。

做到喜怒不形于色的好处是非常多的。在说服对方时，如果能控制好自己的情绪，不被对方看透，那么你就掌握了主动权。对方不知你的底细如何，就不敢轻举妄动，这是成为人上人的必要素质。

除此之外，当你处境艰难时，喜怒不形于色还能使你赢得他人的尊重，只要保持冷静、不动摇，就能安稳人心，情况才不会继续恶化，才能在表面的平静中，尽快回转。

在跟别人交谈，想说服对方时，千万不要任性。在交谈中，没人有义务看你的脸色，也没有人会过多地在乎你的情绪，所以，要学会控制自己的情绪，掩饰自己的真实想法，这才是成熟的说服之道，才能得到他人的尊重和认可。

其实做到喜怒不形于色不是困难的事。每个人都会有情绪，高兴时想笑，难过时想哭，这都能理解，我们需要做的是在谈判中把情绪藏在心里，不随意表现在脸上。对他人有意见，也不要生气，尽快组织语言，表达自己的感受；生气了，可以通过心理暗示等方法宽慰自己。

张丽是个急脾气，心里有不满，不仅立刻表现在脸上，还会直言不讳地说出来。为此，不了解她的人都很讨厌她，了解她的朋友只能无奈地说：“张丽是个直肠子，但心地不坏。”

张丽毕业后，情绪化让她在职场上吃了很多亏，她经常跟朋友抱怨自己的不如意。后来，朋友都建议她，要学会控制自己的情绪。为此她想了很多办法，最终找到了适合自己的方法：通过心理暗示来提醒自己。

张丽的同事知道她的弱点，有时会故意用激将法让她情绪化。张丽亏吃多了，自然就学会了约束自己。每次她想爆发的时候，都会在心里说："情绪化是可怕的，我要保持心态平和，要保持心态平和。"

想到这些，她就想起之前自己受到的委屈，慢慢地就学会了控制情绪，渐渐改掉了情绪化的坏习惯，做到了喜怒不形于色。

有些人的自我控制能力差，动不动就随意发泄自己的情绪。这时如果不能控制情绪，就必须想办法化解，心理暗示就是很好的方法。

要想做到喜怒不形于色，还要提高自己的修养和人生阅历。不能控制自己的情绪，往往是个人修养不够，很多事都看不明白。如果修养提高了、社会阅历丰富了，就会很快成熟起来，谈吐举止、情绪表达都会趋于稳定化。

提高个人修养的方式有很多，多读书、多跟有能力的人交往，遇事要多听、多看、少说话，等考虑清楚了再表达。慢慢打磨自己的性格，做事三思而后行，不论何时，都要用理智的思维看待问题，保持头脑冷静，避免一时头脑发热而冲动地表露自己的情绪。

如果我们仔细观察那些成功人士，就不难发现，他们都能很好地控制自己的情绪，做到藏而不露，任何时候都不会因为情绪失控而失去温和的处事方法，可以说，他们的自控能力都是很强的。

在交谈时，要用成熟的方式去解决问题，凡事好商量，尽量保持心平气和，不要随意动怒，否则，问题将会变得更加复杂。

总而言之，在跟人谈判、想要说服对方时，一定要保持头脑冷静，喜怒不形于色，这样才能处于有利的位置，才不会让自己处于困顿之中。

4. 挂个“鱼饵”，先看看对方的“货色”

谈判是场未知的较量，在谈判场上，想要说服对方，首先要知道对方的实力如何，是骡子是马，只有拉出来遛遛才能见分晓。但是，如何拉出这骡子或马呢？不妨向古代的兵法取取经。

兵法中有云：“诱敌之法甚多，最妙之法，不在疑似之间，而在类同，以固其惑。以旌旗金鼓诱敌者，疑似也；以老弱粮草诱敌者，则类同也。”说的就是三十六计之“抛砖引玉”——抛出砖头，引来白玉。这笔账谁都算得出来。谈判是场利益之争，要想引出对方的“白玉”，不妨自己先抛出“砖头”加以诱惑。正如钓鱼需用鱼饵一样，只有先让鱼儿尝到鱼饵的甜头，它才会乖乖上钩。

某省新华书店向某出版社订了一批教材，双方在合同中约定：30天内出版社将这批教材发给书店，书店在收到教材30天内结款。谁知，该省因不少学校暑假补课，对于教材的需求提前了半个月。书店自然不愿失去这个机会，于是，迅速联系出版社，要求提前半个月发货。

其实，出版社的这些教材在签订合同的第5天就已顺利入库了，要提前半个月给书店发货自然没有任何问题。而且，提前发货不仅可以少占用库房，节省一笔租金，还可以提前开发票，早点儿拿到货款。因此，负责该项目的出版社教材部的小李听闻这个消息后，欣喜不已。然而，极富谈判经验的小李很快意识到，如果一口答应书店的要求，对己方并没有任何好处，不如以此为条件，让书店在这个项目上再给些优惠。

于是，精明的小李在接到书店采购经理的电话后，表示自己没有权力做主，需要请示领导，同时他还反复表示为了满足书店的需求，自己一定会尽力跟领导争取早日发货。对方对小李的这番心意自然感激不已。

小李趁热打铁，问道：“您知道，提前发货我们就需要和印刷厂沟通，请他们连夜印刷，这样势必要增加成本，我担心领导因此拒绝提早发货。为了增加向领导申请成功的概率，我冒昧地问一下：‘如果我们能提前送货的话，你们能给予我们什么优惠呢？’”

对方的采购经理沉思片刻后表示：“如果你们能提前半个月送货的话，我会再下单订1000本教材，因为学生暑期补课，提前需要教材的人数会比较多。”

小李听罢心中大喜，但仍然不动声色地表示自己要先回去请示领导，然后尽快答复。

结果，小李仅仅以提前半个月把教材从库房送到书店这块砖，就收获了对方的两块玉——不仅提前拿到了货款，同时又额外卖出去1000本教材。

可见，谈判高手小李深谙“抛砖引玉”之道，抓住了对方急需教材的心理，但他并不确定对方的着急程度以及能为此付出的代价。于是，小李就故弄玄虚，先抛出一块砖探探对方，最终赢得玉归。其实，在谈判中的“抛砖引玉”，说白了就是吃小亏占大便宜—— 一方先作出小的让步，以此来诱惑对方做出较大的让步。

虽然抛砖能引玉，但并不是说所有成色的砖都能引来汉白玉。只有那些在对方眼里是玉的“砖”，才能引来你眼里的“玉”。即因谈判双方立场不同、角度各异，所以，只有当你的让步在你看来只是一块“砖”，但是在对方眼中，你的让步却是一块“玉”的时候，才能成功地达到效果。

所以，要想取得谈判成功，在谈判桌前说服对方，就要在“抛砖”之前先掂量一下“砖”的价值是否足以引诱对方，在明确对方的需求所在后，做出相应的让步。

另外，“抛砖”是手段，“引玉”才是最终的目的。所以，在给对方让步的同时要借机提出自己的要求，让对方知道你的让步不是无偿、无价值，而是需要一定回报的，这样可以有效地避免对方过河拆桥，捡了“砖”却不肯抛“玉”。

“抛砖”要讲究天时。只有在对方最需要的时候作出让步，才能让对方对你的让步心怀感恩，才能进一步讨价还价。如果随意“抛砖”，会让对方觉得让步空间很大，以致对方得寸进尺。

另外，在行使抛砖引玉之术时要注意分寸，以防对方以你之道，还施你身。抛砖引玉的精妙之处在于双方对“砖”和“玉”的不同理解。由于谈判双方站在相对立的利益角度，所以对于“砖”和“玉”是横看成岭侧成峰。因此，当你试图抛砖引玉时，要慎防对方是否也在怀着同样的心理以同样的方式向你进攻。

总之，“抛砖”只是手段，“引玉”才是目的。所以，要想认清对方是骡子还是马，在拉出来遛遛之前，一定要清楚你需要付出多少，最终能收获多少。

5.谈判选址很重要，地形往往也是决胜负的关键

谈判场地的选择，往往被商务谈判者所忽视。实际上，场地的选择，对谈判效率有很大的影响，好的场地可以提高谈判的效率，反之，则可能使谈判效率大打折扣。

美国的一个谈判公司非常重视谈判中的“地形”因素，他们对数百次在谈判桌上出现僵局的谈判进行了研究，发现了一个规律，即打开僵局的灵丹妙药竟然是远离谈判桌的野外高尔夫球场。谈判专家认为，双方在正式的谈判桌上谈判，没有轻松自然的感觉，是导致僵局出现的主要原因。为了避免僵局出现，在开阔的高尔夫球场上非正式地见面洽谈，就能很快使双方建立起信任，形成坦率和谐的气氛，并且能够在很短的时间里使双方重新形成一种合作精神。

谈判地点的选择，往往涉及谈判的环境心理因素问题。有利的场所能增加自己的谈判地位和谈判力量。人们发现动物在自己的“领土”内最有办法自我防卫。人是一种有领域感的动物，与自己所拥有的场所、物品等有密不可分的联系。离开了这些东西，人的感情和力量就会感到无所依附。

在许多情况下，谈判最好选在你的地盘上进行，因为无论是从后勤方面还是从心理优势上看，都会对你有利。谈判在你的地盘上进行，会使你更容易对一些重要问题进行控制，比如会议室、座位的安排，甚至人们在哪儿进餐，等等，这将有助于你的谈判计划和策略的施行。

张先生是一家公司的总经理，最近和客户的合作有了很大的进展，为

此，双方都希望在下次的谈判中尽可能地胜出，让自己拥有较大的优势。

张经理认真地收集了对方的详细材料。经过整理，张经理了解到谈判对方的首席代表是一个追求完美，对工作精益求精、一丝不苟，对自己要求严格的人，而且这个人对数字类的东西很敏感，做起事情来认真仔细，要求极高，下属员工都很佩服他。

看到了对方的这个特点，张经理像是看到了黑夜中的一缕曙光，一切瞬间被照亮了。他原以为自己在这次谈判中会败下阵来，却通过对方追求完美的性格找到了他的致命弱点。

张经理作为主场方，在安排座位的时候，故意把对方的首席代表有可能坐的位子固定下来，然后在他对面的墙上挂了一幅画，稍微把画斜了点儿，营造好了谈判前的客观环境氛围。随后，对方的首席代表坐到了事先安排好的位置，他面对着墙上那幅倾斜的画，心里有说不出的别扭。这个追求完美的人很难容忍这个疏忽，很想立刻冲上去把这幅画扶正，但是碍于自己不是主场方，上去扶正了显得很不礼貌，只有一直忍耐着，强迫自己不去看这幅画，避免因此受到影响。

在这场谈判中，由于对方的心情受到影响，变得格外烦躁、焦虑，最后这个谈判被张经理所在的主场方掌握了主动权。

但是，到对方那里会谈也有很多好处：比如你可以全心全意地谈判，而在你自己的办公室则可能会受到干扰，容易分心；可以推迟提供材料，借口说这些情报资料不在身边；可以装作不知道而越级和一个比你地位高的人直接谈判；在对方的地盘上，对方还要负起准备场所或其他事务的责任。

6. 谈判就是心理博弈，学会激起对方内心欲望

俗话说："商场如战场。"而在商场上必不可少的每一次商业谈判则成为谈判者斗智斗勇的战场，每一次谈判都是一次心理较量，谁的心理足够强大，谁就能在硝烟四起的战场中撑到最后，成为最大的赢家。那些卓越的谈判者，一定深谙心理战术，即便不是最专业的心理学家，也绝对是内心十分强大的人。谈判，从形式上说是打口水战，事实上，每一句话，甚至每一个词语都是谈判者经过仔细斟酌才说出口的。所以，也许我们所看到的或听到的谈判仅仅是靠一张嘴，但这后面所代表的是一场心理博弈。而你首先要做的，就是掌握对方的心理，然后激起他内心的欲望。

没有欲望的人是绝对不会被打动的，正因为如此，要想谈判取得成功，成功说服对方，首先必须使他们自身产生相应的欲望。

优秀的推销员绝非一上来就说"请买这个产品"，有经验的谈判者也不会一上来就要求得到对方的定论。他们会先与客户进行日常谈话，显出一副没有任何企图的样子，从轻松的谈话中找到对方的心理燃点，慢慢点燃对方心中的欲望之火。激发他人欲望的奥秘在于，偷偷潜入对方的欲求之中。

我朋友佳佳是某商场化妆品的销售主管，管理多个化妆品品牌。一些化妆品专柜的销售人员希望佳佳能够给予自己品牌更多的支持，因此经常送给佳佳一些化妆品小样。一开始，佳佳会使用这些小样，后来收到的小样越来越多，佳佳想："为何不把这些小样放到网上卖呢？"可是她每天的工作内容满满的，根本没时间照料网店。当佳佳了解到同学小倩从事行政助理工作，较为

清闲时，她决定说服小倩开个网店，帮助她销售化妆品小样。佳佳知道小倩一贯做事谨慎，不会轻易答应，但她仍然决定试一试。

接下来的日子里，佳佳连续几次送给小倩化妆品小样，并且每次都会告诉小倩这些化妆品很贵，如果把这些小样卖出去，也是一笔不小的收入。小倩表示认同这一想法。过了一段时间，佳佳觉得时机成熟了，就向小倩提出合伙开网店的想法。可小倩仍然不太愿意，佳佳就告诉她，化妆品小样很受欢迎，这个网店肯定能赚钱，闲着就是浪费时间，等等。

小倩经过一番考虑，觉得这的确是个利用业余时间赚钱的好办法，就答应了佳佳的提议。

在这个事例中，佳佳之所以说服了做事谨慎的小倩合伙开网店，就是因为佳佳一步步地激发了小倩利用闲暇时间赚钱的欲望。当小倩渴望一边打发无聊时间一边赚点外快时，她就会同意开网店的提议。

值得注意的是，激发他人的欲望一般很难做到“一触即发”，说服者需要具备一定的耐心，要能沉得住气，并且要能够承受激发对方欲望所带来的时间成本和经济成本。

此外，在通过激发欲望说服他人之前，说服者要对说服成本和效果进行评估，确保成功说服后所得到的回报的价值超出说服过程中的付出。如果结果相反，那么采取这种说服策略就是得不偿失的了。因此，只有具备了一定的承受能力，这种说服方法才能被成功运用。

激发欲望的一种很常见的方式就是引起他人的好奇心。每个人或多或少都会有猎奇心理，对难以获得的东西充满向往，想要看个究竟。正因为如此，一个哪怕毫无意义的事物只要能引起人们的好奇心，人们也会急于了解它。

因此，当想要争取他人的同意或者想和他人商量某事时，不妨采取“卖关子”的方式，故作神秘，引而不发，引起他人的好奇心，进而使对方主动对你所说的内容产生兴趣，再趁此时机提出你的意见，说服对方便可水到渠成。

王工程师想换装一个新式的测量表，但他了解工地工头非常固执，不愿意接受新生事物，每次提出关于变动的计划，都被他否定了，这次更换测量表的建议肯定还会被他驳回，那么怎样才能使工头同意自己的提议呢？

一天，王工程师把新式测量表放在衣兜里，手里拿着一些要征求意见的文件来到工地。当大家正在讨论文件上的事宜时，王工程师把那个新式测量表从衣兜里掏出来看了看，然后又放回去，前后重复了几次这一动作。这时候工头终于按捺不住自己的好奇心，问道："王工，你兜里放着什么东西？"

王工程师淡淡地回答："这个啊，就是个测量表。"

工头进一步问道："什么测量表啊？拿出来让我看看！"

王工程师故作神秘："我看啊，你还是不要看比较好。"他一边假装要离开，一边补充说："这个是给别的部门用的，我看你们用不着它。"

王工程师越是表现出不想给工头看测量表，工头就越是想对这个测量表了解个究竟。听了这话，工头开始琢磨："别人能用的东西，为什么我们用不着呢？"于是他来到王工程师面前请求道："给我看看吧，我很想知道这个表有什么不一样。"当工头打量这个新式测量表时，王工程师假装随意地把其优点讲给工头听。过了一会儿，工头着急地喊起来："我们怎么用不着这个啊？我一直在找这个东西呢！"王工程师听后表现出很无奈的样子，实际上他暗自笑了，他的目的就这样轻松达到了。

生活中往往会遇到一些固执的说服对象，他们不愿意听取他人的意见，习惯借反对他人来树立自己的权威。面对这样的人，直接的劝说恐怕无济于事，甚至还会使对方产生抵触心理，这时候引发好奇心的说服方式便可以派上用场。引起对方好奇心之前，需要先做出一些无意识的小动作，当对方的好奇心被激发之后，再慢慢进入说服主题。

当然，激发他人欲望的说服策略在实施过程中，应根据不同的说服对象进行具体分析，基本的说服方式有以下几种。

暗示好处或者可以避免坏处

如说服已经有一台电视机的家庭购买电视机，不妨这样说：“只有一台电视机，两个孩子不会抢吗？再有一台的话就不存在这个问题了。”或者说：“夫妻俩为抢遥控器而吵架，多没意思啊。”大部分人想到一件商品如果能够帮助避免家庭矛盾，都会同意购买。只有认识到按你所说的去做可以得到好处或者可以避免坏处时，人们才能对此产生欲望，这时候再劝说就轻松多了。

故设悬念

当人们发现自己对某件事物还有不了解、没看到的地方，就会对事物未知的部分持有一种急切期待的心情。说服者可以通过故意掩盖事物的某一部分，或者制造某种悬念来激发对方的好奇心。一旦人们对某件事物好奇，便会开始渴望这一事物了。

欲擒故纵，假装不让对方得到

在案例中，王工程师想要工头使用新式测量表，但他告诉对方“你们部门用不到”，他越是这么说，工头就越想要。原因是这种“得不到”“不给你”的东西，往往具备极大的吸引力。

制造限制条件

我们去商场购物，当听到销售员说“这是全球限量版”的时候，神经不由得就会紧绷起来，因为限制条件的出现，激发了我们拥有稀世之品的欲望。

Part 2

谈判场也是战场，攻心最是为上

7. 谈判场上，心理学这门课不得不学

中国有一句古话，叫“不听老人言，吃亏在眼前”，说的便是许多的真理道义，我们的先人或前辈早已为我们总结出来了，我们需要的仅是吸收而已。对于传统的科学文化知识，我们可以通过科学家或者研究人员的论著以及教科书的传播来获取，比如牛顿定律、西方经济学、儒家思想、唐诗宋词等，它们的世代传承让我们拥有了宝贵的文明财富。

而对于有别于传统科学文化知识的社会科学文化知识，比如为人处世的原则、人际交往的哲学、自我价值的追求及实现的方法等受到个体差异和主观能动影响的理论体系，则需要心理学这门学科来传播。

因此，可以这样说，心理学研究心理现象和心理规律，它是一种工具，亦是一种途径，帮助我们站在科学的角度，建立系统的理论体系，并用之理性地解决实际问题。

在某个小村庄的村口，有一棵百年古树，茂密参天，一直得到村民们的重点保护。同时，村口又是村里的小孩儿最喜欢玩的地方，古树有的时候不免成为顽皮的孩子们玩耍的对象。

最近，孩子们流行在古树的树皮上刻字，看着被孩子们折磨后的残破树皮，村长头疼不已。可是，孩子的家长们越是制止孩子们破坏古树，孩子们越是破坏得起劲。

这天，村长对孩子们说：“小朋友们，今天咱们进行一场比赛，比赛在古树上刻字，字刻得最好的奖玩具手枪一支。”

第一天，孩子们非常高兴，纷纷拿出铅笔、小刀、直尺等工具，在树上写字、画画，最后真的有一位小朋友获得了村长奖励的玩具手枪。

第二天，村长又来到树前，对孩子们说："今天我们继续比赛，奖品为两颗弹珠。"孩子们见奖品变得这么没有吸引力，纷纷拉着小脸，没有人卖力刻字，树皮上的字寥寥无几。

第三天，村长又对孩子们说："今天的奖品为一块奶糖。"孩子们纷纷扔下手中的工具，齐声说："不刻了，不刻了，还不如去玩藏猫猫呢。"

就是这样，村长成功地保护了古树，使其免遭孩子们的破坏。

村长怎么知道用这么巧妙的方法阻止孩子们呢？难道是运气吗？难道是孩子们听他的话吗？都不是。其实，村长运用的是心理学中的阿伦森效应。阿伦森效应是指人们最喜欢那些不断增加对自己的喜欢、奖励、赞扬的人或物，最不喜欢那些不断减少对自己的喜欢、奖励、赞扬的人或物。

也就是说，孩子们对于村长这种让奖品不断减少的行为，是非常不喜欢的。村长正是知道这样的道理，才在正面劝说孩子们却没有结果的情况下，利用阿伦森效应，采用"奖励递减法"，说服孩子们不再对古树进行破坏，成功地达到了保护古树的目的。

如果不是心理学，我们怎么能总结出村长所使用的阿伦森效应和"奖励递减法"呢？如果总结不出这样的方法，村长巧妙的说服技巧将难以被读者所学习并使用，因为读者凭借自己的理论体系可能很难总结出这样的奥秘。

对于普通读者来说，他们几乎没有任何的心理学基础，对所谓的心理学原理更是一窍不通，更不要说将心理学原理运用在谈判之中了。可是，这难道就意味着借用心理学达到说服目的的大门向普通读者关闭了吗？答案当然是否定的，不然的话，本书的存在还有什么意义？那每一个人都只能坐在高校的教室里听课了。

当然，我们也承认，心理学的学习确实存在一个壁垒，要想越过这个壁垒将心理学运用到谈判中，也并不是一件容易的事。这与每个人的学习能力和自身潜质有关。

自我测试：我有学习心理学的潜质吗？

☆ 在与人交往的过程中，你扮演倾听者的角色多于扮演倾诉者的角色吗？

★ 比起技术类的工作，你是否更喜欢或者倾向于从事与人打交道更多的工作？

☆ 如果你的上司在某件事上冤枉了你，你会选择解释吗？

★ 在同事中或在同学中，你总是不经意地就知道了别人的小秘密吗？

☆ 在你的家庭中，你和你的家庭成员每月都有两次以上的面对面交流吗？

★ 《盗梦空间》和《哈利·波特》这两部电影，你更喜欢看前者对吗？

☆ 如果让你参观一个抽象派画家的画展，你也不会觉得太过于无聊吗？

★ 在吃一顿自助餐之前，你会大概计算你所吃的菜品的价格和你所支付的价格吗？

☆ 旅行的目的地，你更倾向于选择自然景色而不是另外一个繁华的城市吗？

★ 你曾经想过从事与心理学相关的职业吗？

利用自己的第一直觉回答上面的10个问题，并统计出自己回答“是的”的个数。

5个以下：你尚未做好学习心理学的准备。

5–7个：你有一定的学习心理学的潜质（通常大多数读者可能会处于这个范围）。

8–9个：你有非常好的学习心理学的潜质。

10个：你可能已经开始学习心理学或者你根本就是一个心理学相关职业的从事者。

在上述的自测中，只要你属于后三种情况，均可以参加心理学的学习。也就是说，即使是通过自学，你也可以掌握心理学原理，从而成功学到说服这门技术。

当然，爱因斯坦说："成功来源于1%的天才和99%的勤奋。"无论对谁来说，学习的过程都是艰苦难熬的。我们既然已经下定决心要学习谈判当中的心理学，就唯有坚持不懈，并勤加练习，才能真正掌握心理学这门知识。

8.巧用“羊群效应”，让对方不自觉地跟你走

小时候，班里进行班干部的选举，老师说：“下面我们进行举手表决吧，少数服从多数。”于是，同学们就齐刷刷地举起了手。其实，你心里可能并不同意某人，但碍于面子，你也不情愿地举起了手。这似乎是每一个人都经历过的事情，当大家的意见无法统一的时候，都会采用“少数服从多数”的游戏规则。虽然，我们也经常说“真理掌握在少数人的手里”，但还是挡不住随大流的趋势，这就是人类的心理。人类在很大程度上有一种“从众心理”，也就是当看见所有人都在朝一个方向涌进的时候，即使没有任何外力，他自己也会朝那个方向走去。通俗地说，每个人都有随大流的心理特征，好像人类本来是不能忍受孤独的，所以，一直以群居的方式来生活。正因为这样的道理，他们不能忍受独自坚持着，而需要与大众持同样的态度。这样的心理效应也可以灵活地运用到实际谈判中，那就是利用人们潜意识里的“跟风意识”，来影响他们的判断，促使他们作出有利于自己的决定。

一位石油大亨到天堂去参加会议，当他踏进会议室，发现里面已经座无虚席，自己根本没有地方落座，于是他灵机一动，喊了一声：“地狱里发现石油了！”这一喊不要紧，天堂里的石油大亨们纷纷向地狱跑去，很快，天堂里就只剩下自己了。

这时，这位大亨心想，大家都跑了过去，莫非地狱里真的发现石油了？于是，他也急匆匆地向地狱跑去。

从众心理又被称为“羊群效应”，羊群本身就是一种很散乱的组织，平

时在一起也是盲目地冲撞，一旦有一只头羊动起来，其他的羊也会不假思索地一哄而上，全然不顾前面有可能出现的危险。羊群效应就是一种跟风行为，表现了人们共有的一种从众心理，这样一种心理很容易导致盲从行为。虽然，羊群效应本身是一种不值得认同的做法，在如果放在人生的博弈之中，却可以很好地利用起来。

有的社会心理学家认为，产生从众心理最重要的因素就在于大多数人在坚持同一个意见，而不在于这个意见本身。多数人的意见一致，这本身就是一种说服力，所以，即便是有少数人不同意这样的意见，他们也不会在众口一词的情况下坚持自己的意见。而在实际生活中，每个人都有一定程度的从众倾向，总是倾向于大多数人的想法或者意见，以此来证明自己不是孤立的。在实际谈判中，我们可以巧用这个心理策略去引导对方的想法，促使其作出利于我方的决定。可以说，这样的心理策略是绝对能够应验的，因为大多数人都具备这样的心理特征。

在某售楼中心，销售员小吴正在口若悬河地给顾客介绍："我想你们最近在电视上看过关于这个小区的报导，当我们的广告播出去以后，就吸引了众多的人前来咨询，大部分都是白领阶层，尤其是年轻夫妻，他们在这个城市里工作，有着稳定的收入，平时工作压力比较大，因此，他们在挑选住房的时候，大多会倾向于环境方面。大家可以看看，在我们小区，差不多全部被绿色覆盖了，大面积的绿化，让你在每天清晨一起床就能呼吸到真正的来自大自然的空气，同时还能放松自己的心情。你看，我手上这张表，显示已经预订了一百套了，全部是像你们这样阳光的年轻夫妻。怎么样？我觉得你们完全可以考虑购买一套，真的。可以说，住在这样一个舒适的小区，完全可以彰显出你们白领一族的气派与格调。"

听到小吴这样的话，那对年轻的夫妻相视一笑，似乎心中那些疑虑已经打消了。

在许多销售案例中，我们都有这样的经验，当销售员不断地说这是销售量最好的、购买人数最多的、最受人们欢迎的，尤其是当销售员列举说："某某某也刚买了，用了觉得效果不错，要不，你也试试吧。"在这样的情况下，不会动心的顾客可能没有几个。其实，每个顾客的内心都有一种"跟风意识"，当看到许多人都在做同一件事情的时候，他们会忍不住跟着去做，因为他们不想被别人当作另类，人们总是在这些看似好笑的行为中找到一种认同感。当所有人都在做同一件事情的时候，假如自己不去做，那就意味着自己是被孤立的，因此他只能选择去做，这样才能找回自己作为这个社会群体的归属感。

利用周围人的行为来影响对方

在社会中，似乎每一个人都是看着周围人的行为来决定自己应该做些什么，这时候他们就放弃了自己的主见。从众心理的作用，就在于会让人不由自主地选择身边的人作为参照物，不断地寻找出人们一致的社会认同。由于它本身的神奇作用，所以，它常常被人们加以利用，比如用在管理、营销等行业，一些商家会利用从众效应来谋取利益，推销者也会利用从众心理来吸引顾客购买产品。所以，当你明白了从众心理的特性，就应该学会利用周围人的行为来影响别人。

不断地强调这个观点是被许多人公认的

有时候，当我们干巴巴地列出自己的观点与想法，好像对方总是不以然，觉得这不过是你一个人的想法而已。但是，只要我们在叙述上面加上"许多人都这样看""他们都觉得这件事应该这样做""在我们公司，几乎所有的人都觉得这件事应该是这样的"诸如此类似的说辞，就能慢慢地瓦解对方内心的堡垒，甚至会影响对方的决定，弱化其意志力，把对方争取到自己这边来，这恰恰就是利用了对方心里的"跟风意识"。

9.摆出专家的架势，有权威的人更具说服力

在很多时候，谈判的结果往往与一个人掌握的知识和经验有关。比如我们去医院的时候，不论医生为我们开出什么样的药方，我们都没有质疑的权利，只好照方吃药。如果你胆敢跟医生谈判说：“亲爱的医生，我觉得我的病症里没有发炎的反应，这些消炎药是不是可以不需要吃了？”医生就会怒吼道：“你是医生，还是我是医生？”结果这场谈判根本不需要再谈下去，因为医生已经用自己的专家地位取得了压倒性的胜利。

这种专家的架势，其实就是心理学中的权威效应，又被称为权威暗示效应，是指如果一个人地位高、有威信，就会受人敬重，而他所说的话以及所做的事情就很容易引起别人重视，并让他们相信其正确性，即“人微言轻、人贵言重”。权威效应的普遍存在，一方面在于满足了人们的崇拜心理，威信、权势对于每个人来说都是一种强大的吸引力，崇拜心理的作用使得他们对那些权威人士所说的话深信不疑；另一方面由于人们都有“安全心理”，人们总是认为权威人物才是正确的楷模，听信他们的言论会使自己更具安全感，增加不会出错的“保险系数”。

美国心理学家们曾经做过一个实验：在给某大学心理学系的学生们讲课时，向学生介绍一位从外校请来的德语教师，说这位德语教师是从德国来的著名化学家。实验中这位“化学家”煞有介事地拿出了一个装有蒸馏水的瓶子，说这是他新发现的一种化学物质，有些气味，请在座的学生闻到气味时就举手，结果多数学生都举起了手。

本来那只是没有任何气味的蒸馏水，但由于“权威”的心理学家的语言暗示而让许多学生都认为它有气味。通过这个实验，直接体现了人们所具有的“安全心理”，同时，人们还有一种“认可心理”，也可以称为“崇拜心理”，他们总认为自己的言行要与权威人士保持一致，自己只有相信权威人士的言论，才能得到各方面的认可。所以，这两种心理就诞生了权威效应。

在我们现实生活中，利用权威效应的实例很多，比如在广告时请权威人物赞赏某种产品，在辩论说理时引用权威人士的话作为论据等。相传，南朝的刘勰写出《文心雕龙》后由于无人重视，他想请当时的大文学家沈约审阅，但沈约不予理睬。后来他装扮成卖书人，将作品送给沈约。没想到沈约阅后评价极高，于是《文心雕龙》成为中国文学评论的经典名著了。因此，在日常谈判中，我们利用权威效应，就能够达到引导或改变对方态度和行为的目的，通过权威言论来影响其心理。

有两位来自美国的游客到欧洲旅行，他们分别向法国街头的同一个画家买画。

第一个美国人来到画家面前，问道：“请问，这幅画要多少钱？”

画家说：“15欧元。”说完后，画家发现这个美国人没什么反应，心里便想，看来他对行情一无所知，于是接着说：“15欧元是黑白的，如果你要彩色的是20欧元。”

这个美国人还是没有什么反应，于是画家又接着说：“如果你连框都买回去的话，一共是30欧元。”最终，这个美国人把一幅彩色的画连画框一起买了回去，并给了画家30欧元。

当第二个美国人来问价时，画家也说15欧元。可是这个美国人立刻大声喊道：“隔壁才卖12欧元，你这不是敲诈吗？”

画家立刻改口说：“这样好了，15欧元本来是黑白的，既然你是行家，15

欧元卖给你彩色的好了。”不料美国人继续抱怨说：“我刚刚说的就是彩色的价钱，我要一张黑白的画干什么？”结果画家招架不住这样权威式的发问，最终以15欧元的价格卖了一张彩色的画，同时赠送了画框。

这个案例当然不是告诉我们谁更蛮横就更容易在谈判中取得有利结果，而是说，谁掌握了更多的行情，更像一个专家，当然包括在讲话语气上带有那种只有专家才有的强势，谁就更容易赢得整场谈判。而菜鸟在谈判中，总是惶恐不安地被人批评，怎么可能左右谈判的结局呢？

浙江某小企业在当地小有名气，为了扩大市场，该企业决定招募各省会城市的代理商。在谈判桌上，该企业经理十分谦虚地说：“我们虽是小企业，却得到了商界人士的青睐，上次我带着产品去香港参加展销会，就连李嘉诚都对咱们的产品赞不绝口。”对方一听李嘉诚的名字，想都没有想就签下了代理商的合约。

李嘉诚作为商业中的权威人士，他对某企业产品的大加赞赏，自然是再好不过的“产品认证书”了。一般情况下，在某些方面有很深造诣并取得瞩目成就的权威人士往往更容易使人信服，因为人们更愿意认同权威人士的言论。在绝大多数情况下，当某位权威人士发表观点时，大家很少去怀疑甚至反对。当然，人们所相信的并不是某个人本身，而只是他的头衔，他们相信在他的地位、权势下，他所说的话一定是真实的，值得相信的。

在实际谈判中，我们可以用以下这几种话术，以此帮助自己最终赢得谈判。

借用名专家的话，比如“某专家认为”

很多健康专家认为，晚上身体往右侧睡才是最健康的睡姿。于是，当你在向朋友或家人证实这言论的真实性的时候，不妨这样说：“健康专家都这么说，难道还有假？”比如，在每一只牙刷上面都会标明“牙医建议，三个月更换一次牙刷”。

2.借用位高权重人士的话，比如“市场认为”“国家领导人说”

最近几年国家经济飞速发展，但物价也猛涨，对此，国家相关权威人士表示会抑制部分的经济泡沫。于是，在平日闲聊中，邻居大妈可能更愿意相信物价不跌反涨，你就可以搬出权威人士的话：“中央银行行长都发话了，要出台一系列措施，抑制物价……”

3.借用各行业权威人士的话

在每个行业都有相应的权威人士，比如文学领域里的茅盾、鲁迅，艺术领域里的凡·高、贝多芬等。当我们在强调语言是多么重要的时候，不妨搬出语言大师林语堂的言论，“语言不是一般的工具，使用起来不同于其他工具”。

10. 给对方一个选择，让对方跟着你走

在日常谈判过程中，谁掌握了先机谁就掌握了话语的主动权。然而，作为谈判的一方，如何才能把握主动地位呢？在这里，会涉及心理学中的选择效应，指的是，从表面上看，我们给出了一些选择，但实际上，所有的选择只会促使对方去做出肯定的回答，也就是想办法让对方回答“是”。试想，如果我们的每一次提问都能够让对方说“是”，而不是说“不”，这样，我们不就把握住主动权了吗？另外，当对方回答问题时，如果一开始就说出“是”，就会使其整个身心趋向于肯定的一面，在其内心他会呈现出一种放松的状态，在交谈双方中营造和谐的谈话气氛。在这样的谈判状态下，对方很有可能放弃自己原来的偏见，而同意我们所提出的意见。

当你跟他人谈判的时候，不要一开始就谈论你们有分歧的事，而要先谈论你们意见一致的事。你不妨告诉对方，你们的目标是一致的，只是方法不同而已。

如果可能的话，我们要使对方在一开始的时候就说“是”，尽量防止对方说“不”。哈里·欧弗斯屈特教授写过《影响人类的行为》一书，书中说：谈话的时候，千万不要给对方机会说“不”字。一个“不”造成的障碍将阻挡你们的讨论，导致你们的讨论无法继续下去。因为当一个人说出“不”字后，为了他自己的人格尊严，他就不得不坚持到底。虽然事后他或许会觉得自己说“不”是错误的，可是他会继续说“不”，这不是为了真理，而是为了尊严。所以，我们在与人打交道的时候，要想办法让对方一开始就做出肯定的表示，否则，你会追悔莫及。

大多数人都具有这样的心理状态，当说出“不”字后，潜意识里就会形成一个拒绝的意念，潜意识的意念会导致自己对后续的谈话仍然说“不”。反过来也是如此，当说出“是”字后，潜意识里就会形成一个肯定的、接受的意念，对后续的谈话，反应也就是“是”了。

懂得谈判技巧的人，开始的时候就能得到“是”的回答。这样他就能引导对方的心理，把控整个谈话的局面，最终得到自己想要的结果。

艾里是一位发动机推销员，他负责的区域内有一家工厂是其潜在客户。艾里连续3年向这家公司推销发动机，这家公司最终买了几台。艾里很高兴，因为他觉得，既然有了开始，以后就会继续交往下去。不过，仅仅3个星期后就出现了麻烦，公司来电话说不再买艾里的发动机了。

艾里对自己推销的产品很了解，知道不会是发动机出故障，但是对方为什么会不满意呢？他很快赶到了那家公司。

接待艾里的是那家公司的总工程师。总工程师说：“你们的发动机太热了，我把手放在上面烫死了。”

艾里愣了一下，这算什么问题呢？发动机很烫是很正常的啊，更何况是在工厂里面，工厂的室温本来就很高。可是该怎么处理呢？如果直接和对方争论，那肯定毫无益处。于是，艾里恰当地采用了让对方说“是”的技巧。

艾里说：“的确，如果发动机实在太热，我也建议你不要再用了。不过，你这里应该有一种发动机，它的温度符合国家标准。对吧？”

总工程师完全同意，艾里得到了第一个“是”。

艾里又说：“国家标准的规定中，发动机的温度可以高出室温72华氏度，对吧？”

总工程师回答：“是的。不过你们的发动机温度可是远远高于这个。”艾里没有和他争辩发动机的温度，而是继续问道：“你们工厂的室温是多少？”

总工程师想了想，说：“大概是75华氏度。”

艾里说：“对啊。工厂的室温是75华氏度，发动机可以高出室温72华氏度，也就是说，你的手摸到的是147华氏度的高温。如果你把手放在这么高温度的东西上面，会不会感觉很烫呢？”

总工程师想了想，说：“是的。147华氏度，肯定很烫。”

艾里说：“那我建议你不要把手放在发动机上，好吗？”

总工程师承认：“你说得挺有道理的。”

几个月过后，那家公司又从艾里那里买了些发动机。

由此我们也可以看出，设计一连串让对方点头称是的问题是非常关键的。也就是说，我们可以通过提出引起对方兴趣和注意的问题，在说服中主导谈话的方向，从而左右说服的结果。

艾迪喜欢狩猎，不过之前他从不买弓箭设备，都是用租赁的方式。一天，他又打电话到之前他经常租赁弓箭的商店。店员告诉他，店里不再提供租赁服务了，需要的话只能购买。

艾迪只好打电话到别的店里询问。有一家接电话的是一位男士。

其实现在所有的店都不再租赁弓箭，都改为出售了。但这位男士并没有直接说，而是问：“请问你以前都是租赁弓箭吗？”

艾迪回答：“是。”

男士接着问：“请问你以前租用全套设备一次得花费25–30美元吗？”

艾迪回忆了一下说：“是的，基本上就是这个价格。”

男士又问：“请问你平常是不是很节约？”

艾迪回答：“当然是，那还用说。”

男士告诉艾迪："先生，现在基本上所有的商店都不再出租，而改为出售的方式了。我们店里正好有一套特价弓箭，包括所有的配件总共只需要32美元。建议你购买一套，这样你就不用每次都花30美元去租了，这样更划算一些。"

艾迪略一思索就答应了，放下电话就前往那家店。最后，艾迪不但买了一套近百美元的弓箭，还购买了很多其他配件。同时，艾迪还成了该店的忠实客户。

说"是"也会上瘾？正如欧弗斯屈特所论证的那样，我们让一个人开始就做出肯定的回答，接下来他也会倾向于做出肯定的回答。这也可以说是语言的惯性。不过需要注意的是，说"不"也是会上瘾的。我们要得到对方的"是"，就要让对方习惯说"是"，这就是成功的秘诀。

那么，如何做到让他人不断对你点头称是呢？

通过点出对方的可获利之处，让他人自愿认同你

凡是人们做出肯定答复的时候，都是因为看到了自己的利益。为什么有些人能够很快与他人达成合作？就是因为他们的言行总是能够从对方的需求角度出发。事实上，当人们自愿说出"是"的时候，人们只是赞同自己的利益而已。在这种情况之下，千方百计地解释自己的观点和看法，对于说服对方而言是无济于事的。所以说，能够恰如其分地为对方点出他的可获利之处，才是明智之举。

重复他人说过的话，让他人感觉你与他步调一致

有人认为重复他人的话会埋没自己的个性，丝毫不利于说服活动的进行。其实不然，这样做一方面可以让对方体会到你与他步调一致，从而对你产生好感；另一方面也是为自己在进行恰当的反击之前赢得思考时间。

设计诱导性提问

通过诱导性的提问可以打开对方的思路，并引导对方接受自己的观点。像前文艾里那样，设计一系列合乎逻辑的问题，逐步引导工程师走出思维的误区，最终认同自己的观点。

对于说服者来说也如是，从一开始就让对方说“是”，而不说“不”，让对方不断地肯定你的意见，对方就会逐渐地认同你的思维模式。如此一来，你就有了极大的胜算。

11.一“擒”一“纵”，从心理上胜于对手

在生活中，每个人都有逆反心理，它指的是人们彼此之间为了维护自尊，而对对方的要求采取相反的态度和言行的一种心理状态。比如，当一个人进入青春期，可以说他开始进入一个叛逆期，经常“不受教”“不听话”，经常与老师对着干，这样与常理背道而驰，以反常的心理状态来显示自己的“高明”的行为，其实就是逆反心理。显而易见，逆反心理是一种不恰当的心理，它会令我们作出一些错误的决定。但尽管如此，假如是在实际谈判中，我们正好可以加以利用，巧用人们的逆反心理，采用谈判中的欲擒故纵策略，轻松诱使对方作出有利于我们的决定。

欲擒故纵，就是为了要擒住对方，先故意放开他，使起不加戒备，然后再一举歼灭。当然，这个策略与三十六计中的欲擒故纵有异曲同工之妙。当我们逼迫对方无路可走，对方就会想要反击，而让对方逃跑则可以减弱其气势。当我们在追击的时候，跟踪对手，不要过于逼迫他，以消耗他的体力，瓦解他的斗志，待对方士气沮丧、溃不成军，再想要去捕捉他，就可以避免流血。我们需要等待，等待对方心理上完全失败而信服自己，就能赢得整个谈判的结局。

在实际谈判中，我们要利用人的逆反心理，巧施欲擒故纵之计。通常情况下，我们会制造表面假象，向对方传递错误信息，从而麻痹对方，等到时机成熟之后实施反攻，给对方来一个措手不及。其实，“擒”与“纵”本来就是互相矛盾的，而在这个计策中，巧用这对矛盾，以最终的“擒”为目的，

“纵”为手段，这样让对手放松戒备，掉以轻心，为己方获胜制造优势。

小张打算买一套二手房给父母住，因为父母年老多病，所以小张希望能尽快购买到一套合适的房子。当小张去看第一套房子的时候，觉得各方面条件都很不错，就是价格有点贵，似乎在这样一个地段买一般装修的二手房价格太高了。不过，小张当即对户主表达了自己急切的购买心情，谁料，这样一来，在价格方面，户主更是一点也不会少了，而且还劝小张说：“以这样的价格购买如此舒适的房子，已经很划算了，再说你父母现在正等着房子住，买了吧。”小张差不多就快要答应了，脑海里却冒出“或许还能找到更不错的房子”，于是，他暂时回绝了。

之后，小张又看了几套房子。到第三套房子的时候，小张非常满意，这个地段距离医院很近，小区里绿化、健身设施都做得不错，特别适合老人居住。吸取了上次与户主谈判的教训，小张没有表现出自己强烈的购买欲望，而是不咸不淡地对户主说：“我觉得房子还行，不过，装修好像好多年了，都有些陈旧。”户主急忙解释说：“装了大概有四五年了。”小张笑着说：“以这样的装修，我想在价格上应该能再商量吧。”户主摇摇头：“我给出的价格应该是最低了，你想在这样的地段，距离学校、医院都近，交通也方便，这样的价格实在不能再低了。”小张依然保持淡定的笑容回答说：“我再考虑考虑。”

过了几天，当中介催促付定金的时候，小张说：“我前天看中了另外一套更实惠的房子，请您容许我再考虑考虑。”中介当即把这个情况反馈给户主，又从中做了一些说服工作，那户主在中介的劝说下，将房价降了几万元。听到这样的消息，小张故意装作毫不在意地说：“那就把这套房子定下来吧。”

在上面这个案例中，小张经历了两次谈判，前一次失败，后面一次成功，为什么？秘诀就是欲擒故纵。当我们想购买一套二手房，在谈判的过程中，一旦自己向卖方表达了强烈的购买意向，就会大大降低议价的可能性。所以，即便我们对这套房子再满意，也不要将内心的急切心情表达出来。这时候我们可以采用欲擒故纵的策略，看到自己满意的房子，当对方催促付定金的时候，我们可以告诉对方自己看到了另外一套更便宜的房子，需要再考虑考虑。其实，在谈判中这样的潜台词就是告诉对方假如可以在价格方面做出让步，就有可能促成这笔交易。

故意表现得毫不在意

欲擒故纵，我们的第一步就是“纵”，假装表现得毫不在乎，似乎这个协议能不能成都无所谓，你所表现出来的态度越是不在意，对方就越有可能想要与你达成这笔交易。

比如，在谈判中你可以试试这样讲话，“张经理，这样吧，你可以拿回去跟贵公司领导商量一下，考虑一下这个价格是否可以，没有利润的项目，我想我们不会做”“李总，我觉得我们合作项目没有问题，这个钱到底出多少，我也不介意，但我现在手头有两三个项目等着我考虑，这个项目对我来说，可有可无”“王经理，我方刚刚已经把价格提高了10%，而贵方寸步不让，我想我没办法回去交差，价格还是原来的价格，不能提高了”“这位美女，这条裙子你要不要？不要的话，我可要留给别人了，今天早上一位美女看中了，说等一下过来取。你要的话，这条给你，我回仓库再去拿一条给那位美女”。假如我们说出这样的话，那谈判的压力就会转移到对方身上，他们的心理压力也会变得很大，因为不知道我们所说的是真是假。

我方必须拥有一定的主动权

在日常谈判中，欲擒故纵的本质是蓄势待发，制造守势来软化和麻痹对方，是为了最大化进攻效果。因此，在使用欲擒故纵这个心理策略的时候，我们需要拥有一定的主动权，这样才能方便我方采取“纵”的手段。在实际谈判中，假如我方形势不利，比如需求紧张，急切达成协议，这时对方让步的可能性就很小，不容易通过让步来“纵”，也不容易通过冷淡处理对方来“纵”，因为这样很有可能伤害到自身实质利益或者导致谈判没有结果。

观察对方是属于何种类型的人

其实，使用欲擒故纵的心理策略，还需要有恰当的对象，最好是那种刚愎自用、自以为是、虚荣心强、傲慢自大的人，假如对方是性格相反的人，那使用这个策略就有点弄巧成拙了。在实际谈判中，我们使用欲擒故纵策略，可以先通过积极型的方法，向对手展示通过交易可以得到的利益，而且适当让对手误以为自己拥有了谈判的主动权，当对方放松戒备时，就说明对方已经上钩了，这时我方可以向对方表现出无所谓的态度，而对方自负的性格会让他受不了我方突然之间变冷淡的态度，从而主动达成协议。

12. 把握对方的心理，才能真正说服对方

真正说服对方，指的是成功地使对方按你的意愿去完成或实现某件事情。当对方被你说服后，他的内心会认同你的观点，这种认同将表现在他的言行等方面。就像他的内心世界中关于这件事的那一部分已经完全被你控制住了一样。所以，说服对方的过程，实际上是一个控制对方心理活动的过程；说服对方的实质，即是改变对方的心理认知。

因此，要真正达到说服的目的，必然需要掌握对方的心理。

从心理学理论的角度来看，同样可表明掌握对方心理在说服对方的过程中至关重要。《行为心理学》告诉我们：人的行为从其发生机制来看，无一例外取决于人的内部动力系统的特性。人的内部动力系统特性的集中表现，就是人的性格。这种性格将产生心理活动，从而产生人的言行。所以，引导甚至控制人的言行，其根本就是引导或控制对方的心理。

1977年，史蒂夫·乔布斯意识到个人电脑将会具有广泛的市场，将是一个极具潜力的事业。于是，他和沃兹尼亚克共同创建了“苹果电脑公司”，准备推出配有鼠标的个人电脑。尽管下定决心要做个人电脑，也发现了市场上有巨大的客户量，乔布斯和沃兹尼亚克却没有钱，怎么办？

于是乔布斯通过消费者问卷调研，筛选出了一部分“专业消费者”——对个人电脑有强烈工作需求的消费者。乔布斯说服了这一部分消费者先付钱订购个人电脑，然后利用这部分订购资金购买设备。随后，乔布斯又说服了多位供应商先免费向他提供生产个人电脑的原材料，等到电脑售出后再向供应商付

款，理由就是以后苹果公司的原材料他们可以优先参与谈判。

就这样，用“拆东墙补西墙”的方法，乔布斯开始了第一台苹果个人电脑的生产。

在这个过程中，乔布斯为什么能让客户支付订金、让供应商免费提供原材料呢，那就是因为乔布斯掌握了客户和供应商的心理：客户希望能在第一时间拥有自己的个人电脑，而供应商则看到了个人电脑的巨大利润。因此，乔布斯才能说服客户和供应商。

通过乔布斯的案例，我们可以分析并总结出通过掌握对方心理而达到说服目的的基本步骤。

做好说服前的工作。

俗话说，优秀的士兵不打没有准备的仗。在无声的明争暗斗中，职场如战场，说服往往不是面对面的唇枪舌剑那么简单。在说服开始之前，其实有很多的准备工作需要说服者去做。这些工作看似与说服无关，却如蝴蝶效应一般，丝毫的差池都会对说服的结果造成不可预计的影响。乔布斯就非常明白这个道理，才会在说服消费者之前，对消费者市场做了严谨的问卷调研，筛选出“专业消费者”，从而在后来直接获得了他们的支持。

了解对方的真实需求。

乔布斯知道“专业消费者”的真实需求就是利用个人电脑加快他们的工作效率，同时乔布斯也知道原材料供应商的真实需求就是建立他们在个人电脑行业的业务基础。正是在说服前做足了功课，乔布斯才能在说服中变得更加高效。

让对方明白他们的既得利益。

无论是在商界还是在职场，无论是企业还是个人，每一方都尊崇着以结果和利益为导向的做事原则。只有在这个原则下进行的工作才是有效可行的。

乔布斯同样深知这一点，在与消费者和供应商谈判时，不断向消费者强调他们可以获得优先拥有个人电脑的机会，也不断向供应商强调他们可以获得与苹果公司优先洽谈合作机制的权利。消费者与供应商各自明白了他们的既得利益，当然会心甘情愿地被乔布斯说服。

实现说服对方时所履行的承诺。

对承诺的必须履行，这不仅仅是一诺千金的表现，更对说服与被说服的双方的后期合作进展起着重要作用。在心理学中有这样一个任务价值的概念，它属于职业心理学的范畴，指每个人在做出某种行为时，会根据自己的期望去评价这个行为的价值，然后才会根据评估出来的价值付出同等价值的劳动。

如果说服者承诺了被说服者可以获得的某些利益，最终却没有对被说服者兑现，则被说服者的行动力会随之下降，即使他被说服，他也不会再具有说服者希望看到的主观能动性。所以，乔布斯在启动个人电脑出售工作后，立刻将“专业消费者”订购的电脑送货上门，并且与供应商签订了初步的原料供应框架协议。

通过掌握对方的心理需求而说服对方，这是一种保守的万无一失的说服方式，也是初步接触谈判的读者易于上手的说服方式。因此，只要按照上述步骤执行说服过程，说服对方会逐渐变得把握十足、十拿九稳。

Part 3

先声夺人，开局好才可步步为营

13.好的开头就是成功的一半

对于销售人员来说，要懂得针对不同的客户卖不同的产品。

我们常说："好的开头就是成功的一半。"千万不要让客户对你产生警惕感，否则你接下来的说服工作将很难进行，你一开口的第一句话就决定了你的销售结果。要想有一个好的开头，销售员就要知道自己的产品应该卖给什么样的人群，要对受众群体进行分析，抓住这些消费人群的弱点，比如有些受众喜欢贪小便宜，有些受众比较喜欢高档或能使自己显得尊贵的物品，有的受众则更在意是否能给自己带来方便。销售员在销售时，一定要用自己的优势直击对方的弱点，这样你的成交概率就更大。

一个出版社的发行人员向一家大型书店推销一种教学参考书。书店的业务经理听了推销员的介绍后，开口就要订2000套。这个推销员并未因成交而高兴得忘乎所以，他认为这本书今后销售的好坏会影响这家出版社以及他本人的声誉，于是，他向书店经理分析道："据了解，贵市需要此书的学校为15所，每个学校需要此书的学生为70-80人，每期3个月的培训。因此，3个月内有1200套就可以了。这个数量既能保证贵店的供书，又可避免积压影响资金周转。"经理听后，将信将疑，但3个月后，这种参考书果然销售一空。相对其他推销员只求书店多订书，而不管积压与否，这个发行人员靠诚信赢得了客户。

此后，这个发行人员享受了一项特殊的待遇，只要他认为好的书，尽管发货给这家书店，书店照单全收，并且及时结算，从不拖欠。而其他发行人员常常面对的不是退货，就是结款不及时。

练武的人都知道人体的所有穴位，以至于在关键的时候击中对方要害部位，达到一招制胜的目的。这种方法也适应于推销员的推销工作。

化妆品直销员王宏敲开了一位客户的家门。当她说明来意以后，客户要关门，说：“我从来不买上门推销的化妆品，你请回吧。”王宏一看这客户不好沟通，本来准备走，突然听见从客厅传来的钢琴声，她急中生智，说：“您女儿也在学钢琴呢，刚才那一段好像弹错了。”

客户一听，知道王宏懂钢琴，就问：“你怎么知道她刚才弹错了？”

“我女儿也在学这一首曲子呢，我天天听，也就听出来了。现在的孩子，真是什么都要学，什么也都难学啊！”这一下子说出了那位客户的心声，马上对王宏说：“是啊，我们挣几个钱也就是为孩子挣啊，说实话，你挣这点钱也不容易，还得看别人的脸色。”说到这里，客户突然觉得不好意思了，说：“您进屋坐，我们慢慢聊，圆圆，沏杯茶……”

很明显，王宏是抓住了客户的“软肋”，从孩子入手，找到了和客户之间的共同话题，使之产生了共鸣。这样一来，说服客户购买也就变得更简单了。

现实销售中，很多销售员总是发出这样的疑问：现在的客户怎么了，越来越难对付，费尽口舌却是白费力，他们根本就无动于衷。有些销售员甚至会气急败坏，诋毁客户。

这里，首先要清楚一点，客户不是用来“对付”的，而是要诚心合作，从而达到双赢。销售员在从事销售行业前，首先就要摆正这一心态，不要认为销售就是简单的一个卖出产品、完成业务量的过程，以这样的心态进行销售工作，是无法搞清楚客户为什么对产品提不起兴趣，自己为什么卖不出产品的。

其实，客户购买产品，有时候不仅仅是为了产品本身带来的某种利益或好处，还有一些其他原因。这些原因是隐性的，需要销售员自己去挖掘，这并不是人们常常说的产品的卖点和买点，而是客户的“软肋”或者“破绽”，只要销售员找出这两点，销售也就更加快捷、简单了。以下介绍两种常用的方法。

避实就虚法

这一方法运用在客户对产品没有表现出很大的兴趣，即使销售员费尽口舌，客户仍然不为所动的情况下。此时，销售员应该避开销售这个敏感的话题，改和客户聊聊其他事，比如一些家常，但这些话题必须是客户感兴趣的。

要想做到这些，就需要销售员掌握客户的一些信息，同时，还需要销售员掌握客户的心理状况。

还有一种情况，那就是客户对产品感兴趣，对此，销售员也可以通过自己的专业知识来帮助客户完成购买，这也是一种避实就虚的方法。

围魏救赵法

“围魏救赵”也是《孙子兵法》的一招，原指战国时齐军用围攻魏国的方法，迫使魏国撤回攻赵部队而使赵国得救；后指袭击敌人后方的据点以迫使进攻之敌撤退的战术。

此招用在应对客户方面，是一种通过从客户身边的人身上下功夫来影响客户的一种方法，这是一种关系营造法。也就是说，当我们在客户身上无法获得认同，从而影响成交时，可以转移一下目光，试着在客户的家人、朋友、同事身上花心思，通过营造与这些人的良好关系来影响客户，这种方式常常被使用在公关营销上。

通常情况下，人们对家人的重视程度是比较大的，家人是能影响客户的最重要的因素。比如，我们可以给客户的孩子送礼物，给客户的妻子送化妆品，给客户的父母送保健品等。当然，能影响到客户的具体因素还要根据客户的具体情况而定的。

以上方法只是在日常工作当中总结的一些小方法，简单实用。但是，我们不能就把眼光停留在依靠这些方法上，希望以此来取得客户的信任，从而取得不错的销售成绩，这是不现实的。销售员要始终记住，客户最关心的永远还是产品能给自己带来的利益和好处。

14.在开局把话说好，让谈判赢在开局

想要让谈判赢在开局，为己方争得谈判的主动权，应该掌握开局的技巧——控制氛围、表明诚意、探测虚实、抓住时机。

控制氛围

成功的谈判需要在良好的氛围下进行，谈判氛围的形成和变化，直接影响着谈判的进程。想要在开局阶段营造一个良好的氛围，需要注意以下几个方面。

第一，简单的寒暄必不可少。在正式的商业谈判中，当双方在谈判桌上坐下时，难免会有紧张的情绪，所以在开始正式谈判时，应该先用轻松、愉快的语气和对方寒暄几句，以达到让彼此放松的目的。例如，如果对方从外地来，你可以从以下几个问题进入话题——“吃的方面还习惯吗”“酒店安排还满意吗”“这边的环境还适应吗”……在得到对方的回答之后，别忘了说一声“如果我们有招待不周的地方，尽管提出来，不要客气！我们会尽力为您解决”。进行了这番寒暄之后，谈判的氛围就会轻松很多，而你们接下来的谈判也会更容易。

第二，寒暄时，别忘了使用礼貌用语。礼貌不仅能展示个人的修养，也能创造和谐的谈判氛围。在和对方寒暄的过程中，不要忘了使用礼貌用语。礼貌用语包括谦辞和敬语。例如，和对方初次见面，可以说“久仰”；如果对方是熟人，可以说“久违”；问人的姓名，可以说“您贵姓”；当对方问及你的姓名时，要说“免贵姓×”……这样才能赢得对方的好感，让谈判在一个愉悦

的氛围内进行。

第三，转入正题时，要注意自己的说话方式。当感觉谈判的氛围比较放松的时候，应该不失时机地转入正题。转入正题的话，要赢得对方的认同。例如，可以说“我们先协商一下今天的安排，如何”，这样容易形成一致的氛围，在这种氛围中，双方更容易达成互惠互利的协议。

第四，开始谈判时，要注意说话的语速。语速不能太快，也不能太慢。语速太快，对方可能听不清；语速太慢，会拖延谈判的进程。两者都可能会引起对方的反感，影响谈判的氛围。合适的语速应该是既保证对方听得清，又不会浪费彼此的时间。

表明诚意

在谈判开局时，表明自己的合作诚意，这对于谈判的顺利进行也是非常重要的。在谈判时，为了向对方表明诚意，可以适当地透露自己的产品存在哪些不足。

一位老板看中了一套房子，想租下来办公，于是找到租赁公司的经理，准备与之谈判。

为了表明合作的诚意，经理一开始就说：“这套房子空间比较大，非常适合办公，但是房子的对面有一个木材加工厂，白天可能会有噪音，所以房子的租价要比同类房子低15%，如果可以接受的话，我们接着往下谈；如果不能接受的话，就不要浪费您的时间了。”

老板很喜欢经理这种坦诚的谈判风格，看过房子后，他觉得如果装上防噪声玻璃，噪声就不会产生太大影响，于是非常高兴地租下了房子。

事例中的经理就善于表现自己的诚意，他把房子本身存在的不足毫无保留地告诉了老板，并且站在对方的角度考虑问题，说话语气非常诚恳，这样就打动了老板，最后成功完成这次谈判，达成交易。

探测虚实

在谈判的开局阶段不仅要创造良好的氛围，为谈判做好准备，还要善用语言策略，探测对方的虚实。对于这一点，以下三条建议可供参考。

第一，询问对方的意见，例如，“您对这次合作有什么看法”“贵公司是否有新的合作方案”……

第二，使用激将法，例如，“贵公司的近况似乎不好吧”“贵公司对我们公司的能力和信誉有怀疑”……

第三，如果要探测对方的谈判阵营是否有变化，可以问“××今天怎么没到”；如果要探测对方的谈判诚意，可以问“据说贵公司在积极地寻找第三方合作”；如果要探测对方的实力，可以问“我们公司要求使用现金交易，您看怎么样”……

抓住时机

如果谈判进行得很顺利，双方交谈得很融洽，应该抓住时机，结束谈判的开局阶段，你可以说：“现在我们在大问题上达成了协议，下面我们来协商一下具体的细节，您看怎么样？”

如果在开局阶段出现了一些不愉快，为了缓和谈判的氛围，在进入实质性的谈判前，可以申请暂停。这时，你可以说：“现在大家都有些累了，要不休息一下，待会儿再谈？”

有效运用谈判技巧，相信你一定能在谈判的开局阶段把话说好，让谈判赢在开局。

15.别让你的谈判在开局之时就变成僵局

在谈判时，常常会因为一句话导致谈判开局变成僵局。这虽然是谈判双方都不愿意看到的情况，然而总是有一方或双方因为开局时说出不恰当的话而导致谈判陷入僵局，无法进行下去。下面商务谈判中的乙方就是因为开局时的不当话语致使自己遭受了很大的损失。

有两个商业大户，他们之间的竞争非常激烈，两个商家之间处于对立的状态，在一次商业竞争中，甲胜出了，而乙却遭受了重创。乙在看到自己的劣势后，主动找到甲，要求与之合作。

在谈判开始时，甲方因为具有明显优势，始终是一种高姿态，这把乙方惹怒了，彻底失去了理智，愤怒地指责甲方："你们这种姿态分明是对我们的藐视，虽然我们在竞争中暂时处于劣势，但是这并不代表我们比你们差。你们这种态度，谈判还怎么继续进行下去？"乙方谈判代表的这一番话激怒了甲方谈判代表，他们不想再说什么，当即愤怒地离开了谈判桌。

这次谈判就这样无果而终了。乙方再也找不到除甲方之外更合适的合作伙伴，无奈之下，他们决定再次与甲方进行谈判。然而，甲乙双方关系已然陷入僵局，要想重新开启谈判，岂是易事？好在生意场上总是看重利益，经过多次努力之后，甲方同意了再次就合作事宜进行谈判。这次，虽然双方达成了共识，但是甲方的条件更加苛刻了，乙方也因此遭受了损失。

所谓"一言能兴邦，一言能丧国"，在第一次谈判的开局阶段，事例中的乙方就是因为一两句不满的话而丧失了合作的机会。甲方的态度再不好，他们不是也坐下来准备谈判了么？既然对方有这样的意愿，又何必那么在意对方的“趾高气扬”呢？把自己不满的话语都转变成谈判中积极为己方争取利益的话语，岂不是更有意义？尽管最后也合作了，但是为了争取后来的谈判所耗费的人力、物力，为逞一时的口舌之快而被压下的利益空间，该如何算呢？这样的代价未必也太大了些。

所以说，在商务谈判的开局阶段，谈判人员尽量不要和对方产生语言冲突，更不要用言语去攻击对方，一旦因为你的言语使谈判的开局变成了僵局，那么，你就没有丝毫优势可言了，尤其是对于原本就处于弱势的一方来说，更是如此。

有时候，在商务谈判过程中，由于双方所谈问题的利益要求差距比较大，而彼此又不肯作出让步，导致双方因暂时不可调和的矛盾而形成了针锋相对的局面。谈判桌上之所以出现这样的局面，其原因是双方的观点、立场的交锋是持续不断的，当利益冲突变得不可调和的时候，僵局便出现了。当僵局出现后，如果不及时进行处理，就会对接下来的谈判产生不利的影响。当然，谈判过程中出现针锋相对的局面，并不等于谈判的失败，不过，它会严重影响谈判的进程，这时，我们需要灵巧地缓和场面，突破僵局，适时选择有效的方案，重新回到谈判桌上来。

卡普尔任美国电报电话公司负责人的时候，在一次董事会上，众位董事对他的领导方式提出了质疑，顿时，会议气氛变得异常紧张。

一位女董事率先发难：“公司去年的福利，你支出了多少？”卡普尔回答说：“900万美元。”那位女董事当场惊叫起来：“天啊，你疯了，我真受不了。”听到如此尖刻的发难，卡普尔轻松地回了一句：“我看那样倒好！”这时，会场意外地爆发了一阵笑声，就连那位女董事也忍俊不禁，紧张的气氛也随之缓和了下来。

谈判是正式的谈话，很容易在彼此之间形成一种严肃而又紧张的气氛。当谈判的一方就某个问题发生争执，各持己见，互不相让，横眉冷对，这样的环境更容易使人产生压抑的感觉。当然，谈判代表一旦处于这样的心境，是很不利于整个谈判的进行的。这时，不妨幽默一下，以巧言缓解僵局，将原本严肃而紧张的气氛变得愉快、和谐，那么，谈判桌上争论了几个小时无法解决的问题，在这里或许就会迎刃而解。

在谈判过程中，有时候就连一个小小的沟通障碍，也会直接影响到谈判的顺利进行。而一旦遭遇了僵局，整个谈判冷场，就如同结了冰的河流，使交流无法继续。这时候，如果处理不好就会导致谈判无法顺利进行，所以，不妨巧言一句以“破冰”，不仅能够很好地化解尴尬、窘境，而且还会使交流更畅通无阻。

在谈判过程中，针锋相对的局面随时都有可能发生，任何话题都有可能形成分歧与对立。从表面上看，僵局产生往往是防不胜防的，但其实，真正令谈判陷入危机的是由于双方感到在多方面谈判中期望相差甚远。对此，谈判专家总结说：“许多谈判僵局和破裂是由细微的事情引起的，诸如谈判双方性格的差异、怕丢面子，以及个人的权力限制，等等。”

有时候，谈判的一方会故意制造僵局，他们有意给对方出难题，搅乱视听，甚至引发争吵，以迫使对方放弃自己的谈判目标而向自己的目标靠近；有时候则是双方对某一问题各持自己的看法和主张，产生了意见分歧，这样，越是坚持各自的立场，双方之间的分歧就会越大。当然，不管是出于何种原因导致的僵局，作为谈判的一方，我们应该及时缓解局面，以灵巧的策略缓和场面，促进谈判顺利进行。

那么，该如何做到缓和谈判的僵局场面呢？

冷静思考

在谈判过程中，有的人会脱离客观实际，盲目地坚持自己的主观立场，甚至，他忘记了自己的出发点。由于固执己见，往往会引发矛盾，当矛盾激化到一定程度就会形成僵局。所以，谈判的一方在处理僵局的时候，要防止过激情绪所带来的干扰。在僵局出现的时候，要头脑冷静，这样才能理清头绪，正确分析问题，从而有效打破僵局。

协调双方的利益

当谈判双方在同一个问题上发生尖锐对立，且各自有自己的理由，谁也说服不了对方，又不能接受对方提出的条件时，整个谈判便陷入了针锋相对的局面。这时候，作为谈判的一方，应认真分析双方的利益所在，只有平衡了彼此的利益关系，才有可能打破僵局。有效的方法是：双方从各自的眼前利益和长远利益两个方面来看问题，协调平衡，寻找出双方都能接受的平衡点，达成最终的协议。

顺水推舟

有时候，对方无意之中出了糗，感到很尴尬，这时候你不妨顺着他这个糗事，使当事人摆脱尴尬。例如，服务员不小心把酒洒到了将军的秃头上，将军笑着说：“小伙子，我这脑袋秃了二十多年，你这个方法我也试过，可是根本不管用，但还是谢谢你！”

巧借情景做文章

有时候，会遭遇突发事件，若处理不当就会导致尴尬，这时候可以采用“情景法”。例如，大学教授跌倒了，引来同学们哄堂大笑，他却说：“人生就是这样，跌倒了爬起来，再跌倒了再爬起来，这样，你才会更坚强、更成熟。”

16. 把话说到“点”上，一开口就切中要害

古人曾经说过：“立片言以居要。”想要说服对方时，说话一定要直接明了、一语中的，几句话就切中要害，得到他人的认同。

在谈判中，最会说话、最能够说服对方的往往是那些能一语中的的人。他们平时话不多，但在关键时刻，总能一鸣惊人，把话说到点子上。总之，该干脆的时候，就绝不会喋喋不休。

有一位演讲者非常喜欢演讲，他的梦想就是成为演讲大师，大家都来听他的演讲。但是事与愿违，来听他演讲的人非常少。

经历了一番波折，演讲者认为自己可能不是这块料，是自己太没出息了。在朋友的建议和鼓励下，演讲者去拜访了市里著名的演讲大师。

到大师家里之后，大师正在接待朋友，示意他先自己坐一会儿。

“我最近心情很不好，天天待在家里无所事事，晚上睡不着，失眠严重，你看我的黑眼圈都出来了。”朋友好像受了极大的委屈似的，说得苦不堪言。

演讲者想：“要是她来跟我说这个问题，我一定会竭尽全力地安慰她，给她讲道理，相信她肯定会接受。”

但是让演讲者大跌眼镜的是，大师只说了一句话，就把朋友打发走了。

“你家境太好、生活太安逸了，你出去找份工作，晚上肯定就不会失眠了。”大师说。

朋友一听他说得对，立刻转身告辞，离开时还很高兴。

演讲者陷入了沉思。

“你找我有事吗？”大师问道。其实大师听说过演讲者，他的说话方式太过累赘，几句话也说不到重点，总给人一种云里雾里的感觉。

“我想，我没有了。”演讲者终于意识到了自己的问题所在。

“会说话的人，一语就能得人心，话不在多，说明白就好。”这是大师给演讲者的忠告。

演讲者受益匪浅，回家想了很多，最后转变了自己的演说风格，成为“会说话”的人。

有些人在说服对方的时候总喜欢把话说得很细致、很烦琐，就跟上文的演讲者一样，让人感觉喋喋不休又没有重点，他人就会产生反感。在说服时，这类人抓不住关键所在，常常会处于下风。

说服是门很讲究的艺术，懂说服艺术的人言语不多，却常常一语中的。那些擅长说话的领导者，几句话就能说到别人的心坎上，一针见血。这种说话风格不仅体现了他们的智慧，还透露出了他们的个性，会赢得他人的钦佩。

在与人交谈中如果没有自己的语言风格，如果不能在关键时刻说话干脆，就不能给他人留下印象，你说的话自然也就没什么力度可言，对于他人，就好比吹过耳边的风，什么也留不下。

有些人以为，会说话、懂说服的表现就是可以在人前侃侃而谈，能说会道，所以他们在交谈中没完没了地大说特说，彰显自己的才华，还自我感觉良好。但在别人看来，他们只不过是说了一大堆假大空的话，没有任何实际意义。说话时要多说有分量的话，尽量避免喋喋不休。

在说服中，往往谁能把握住关键机会，谁就能取得胜利。在关键时刻，不要犹豫，也不要啰唆，简洁地说明自己的观点，一语中的，才能得到主动制胜的效果。

面对关键时机，如果你不能说出重点，乱说一气，很可能就会失去契机，到时候就悔之晚矣。

直截了当、一语中的的说话方式，在必要场合还能树立威严，让大家对你刮目相看，达到一鸣惊人的效果。

看到这里，想必每个人都希望自己能成为说话简洁而又有力度的人。要想成为这样的人，首先要学会锤炼自己的语言，不要一张口就是车轱辘话，反反复复，毫无重点可言。

话不在多，而在于精，只有口才差的人才会一直喋喋不休，能说会道之人必然是说话凝练之人。

在说服对方时，要在最短的时间内让对方听懂你的话，绝不要啰唆。总之，一句话能说明白的事，就绝不说两句。

除此之外，说话要有重点，要明确自己想表达什么，如果自己都不明白，他人怎么会懂？总之，说话要讲重点，这样才能让表达更简洁、更凝练。

一位年轻的女士感觉自己总得不到他人的青睐，很苦恼，于是她向朋友诉苦。

“我也不是个坏人，为人热情，喜欢帮助人，可为什么在交际中大家都不喜欢我呢？”

这位女士又开始了，说自己这也不如意、那也不好，从东扯到西，从南说到北，家长里短都被她说出来了。

“停，行了，你别说了。我实话告诉你吧，大家不喜欢你是因为你总喜欢喋喋不休，一说起来就没完没了，我听了半天也不知道你到底想说什么。”

“我，我没有吧。”女士一听，傻了眼。

“有！以后你要管住自己的嘴，想好了再说。必要的话要简短地说，不必要的就别说了。”提完意见，朋友赶紧离开了。

说话没有重点、喋喋不休的人常常会让人厌烦；说话干脆，简洁明了，会让人觉得干练利落，赢得大家的喜爱。

要想语言一针见血，说到重点上，还要听清别人的重点，才能“四两拨千斤”。某名人说过：“在跟人交谈时，只要我们抓住关键点，把意思说到就行了。”

在交际中，通常如果你无法说动别人，就容易被对方说服，这就要求我们要抓住关键点来理论。事实证明，无法听清他人话中的重点是严重缺乏交际手段的表现。

“我也想用简单明了的语言跟他人交流，但有时却不明白对方的真实意图，真让人苦恼。”这是很多人的心声。

会出现这样的现象，究其原因，就是不会抓别人话里的重点。要是能把自己的论点集中到别人的关键点上，不需要多长时间，就能把话说透，赢得他人的认可。

在交际中，说话简洁明了，能切中要害，不仅是懂得说话艺术的表现，还能彰显自己的个性，赢得他人的好感。没有人会喜欢说话含糊其辞，太过拐弯抹角又喋喋不休的人。

要想成为会说话的人，要想在交际中大放光彩，能把所有人都说得心悦诚服，就必须懂得“话原来也可以很精贵”的道理。真正能说会道之人，吐出的字是“金玉良言”，绝不是毫无实际意义的大话、空话。总之，该干净利落时，一定要抓住机会，简明扼要地赢得别人的赞同。

17. 优秀的谈判者，都会制定好的开场策略

一个优秀的谈判者，一定会制定好的谈判策略，让谈判赢在开局。那么在谈判的开局阶段有哪些必须掌握的策略呢？

协商式的开局策略

心理学家研究表明，人们会对和自己的意见一致的人产生好感，并且愿意调整自己意见，以求和对方合拍。因此，为了让对方产生好感，可以用“协商”“肯定”的口吻和对方谈判，以便创造出谈判双方“一致”的感觉，让谈判在愉快的氛围内进入更深的阶段。具体地说，不妨从以下几方面努力。

第一，主动认同对方的看法，先用一种商量的口气，询问对方的看法，然后对对方的看法表示认同。

周峰是一家外贸公司的业务经理，为了扩展业务，他需要和一位外商谈判。在谈判开始时，周峰便问对方：“我想请您谈谈对于‘合作’的理解。”

对方回答说：“合作就是在双方共同努力的基础之上，实现利益的共赢。”

周峰说：“是的，我完全认同您的看法，这也是我们的谈判要达到的目的，希望接下来的谈判中，我们能顺利实现这个目的。”

听了周峰认同的话，对方非常满意，接下来的谈判过程也进行得非常顺利。

在这个事例中，周峰就使用了认同对方的策略，他先就“合作”的定义问题向对方提问，然后对对方的看法表示认同，这样就轻松获得了对方的好感，为接下来的谈判打下了良好的基础。

第二，补充对方的意见，把自己的意见变成对方的意见，这样对方更容易接受。

在一次商业谈判中，对方对陈东提出了两个条件：“一是我们公司的利益必须保证在60%以上；二是贵公司必须承担全部的策划费。”

这两个条件显然有些苛刻，陈东听完对方的陈述后，没有当场反驳对方，而是对对方说：“您看能不能这样，我们保证贵公司的利益在60%以上，而贵公司帮我们承担10%的成本费；我们公司承担所有的策划费，而贵公司负责宣传费。”

对于陈东的建议，对方没有考虑多久便同意了。

在这个事例中，陈东之所以能说服对方同意自己的条件，是因为在谈判时，他没有直接提出自己的条件，而是补充了对方的条件，这样就把自己的意见变成了对方的意见，所以对方没有多加考虑便接受了。

使用协商式的开局策略时，说话要不卑不亢、有理有据，这样更容易得到对方的信任和赞赏，谈判也会进行得更顺利。

模糊式的开局策略

这一点主要是针对对方提出一些关键性问题时的一种策略。当对方问及某个关键问题时，你不要直接做出回应，而要适当保留，给对方一种模糊感，造成一种神秘感，引起对方深谈的兴趣。

例如，如果对方问：“和你们行业的巨头相比，你们公司的劣势有哪些？”这时，你一定不能把自己的劣势告诉对方，而应该这样回答：“站在贵公司的角度，我能理解您的提问，我们也会经常反思自己。但实力并不是一个确定的概念，而是一个相对的概念，就我们合作的这个项目而言，我们公司有明显的优势，不是吗？”

在使用模糊策略时，你要保证你的话真实可信，不能违背“以诚为本”

的商业原则。

强硬式的开局策略

这种策略主要针对对方故意打压我方，是对方造成对我方不利的局面时的一种应对策略。

例如，在谈判开始时，对方说："听说贵公司之前在和××公司合作时出了问题，据说是材料的成本问题，这次和我们合作，材料的成本价应该有所调整吧？"

遇到这种情况，你的回答必须强硬，你应该义正词严地对对方说："那次合作，是因为对方在施工时出现了纰漏，他们不愿意独自承担损失，想把我们拉下水，所以才放出消息说是成本问题，对此，你们可以核查。如果因此而要求我方降低材料的成本价，那么抱歉，我没有这个权力。"

在使用强硬的谈判策略时，一定要小心谨慎，既要保证言辞表现出自己不妥协的态度，也要注意不伤和气，不然就可能在谈判的开局造成剑拔弩张的局面。

在谈判时，你需要掌握的开局策略还有很多，这需要你在谈判的过程中随机应变，根据对方的反应，使用恰当的策略，说符合情境的话，这样才能把握开局优势，让谈判真正赢在开局。

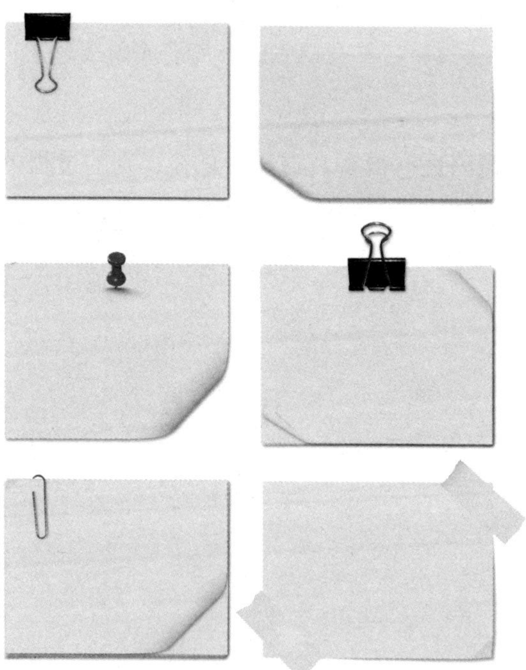

Part 4

谈判犹如球赛，前半场要先探听虚实

18. 让对方开口，你才能获得更多的信息

在谈判过程中，谁先开口说话，谁说的话比较多，谁就有可能处于被动的位置。俗话说：“商场如战场。”在谈判桌上，为了避免受到对手的攻击，人们总是千方百计地遮掩自己内心真正的想法，而“紧闭嘴巴”则成为掩盖自己心理的有效方法之一。试想，若是什么都不说，自然对方也不知道自己在想什么，自然容易胜券在握。反之，谁说的话比较多，暴露出来的信息就比较多，他就很容易处于被动位置。因此，为了让自己占据主动位置，应该让对方先开口。更为关键的是，只有让对方先开口，你才能探得一些信息，在接下来的谈话中，你也能句句击中其心理了。

小张是一个推销员，经常是天南海北地跑。有一次，他出差到了杭州，工作任务是与商家洽谈一笔生意。

到了约定的时间，小张来到酒店，双方代表面对面落座。小张注意到对方是一个不苟言笑的人，见到小张来了，他还在低着头看报纸。小张觉得比较闷，就主动向对方打招呼：“最近杭州天气比较热啊？”没想到，那位谈判对手头也不抬，冷漠地回答：“杭州都是这样的天气。”小张并没有放弃交流的欲望，他继续问：“听口音您不是本地人吧？”“噢，山东枣庄人。”说完，对手抬起头来，警觉地看了小张一眼。“啊，枣庄是个好地方！读小学的时候，我就在《铁道游击队》的连环画上知道了。两年前去了一趟枣庄，还在那边玩了两天呢，很不错，真是个好地方。”听了这话，那位枣庄人精神为之一振，马上站起来，放下报纸，先是递烟，又与小张互赠名片。两人越聊越高

兴，晚上相约一起进餐。就在当天晚上，双方就谈成了互惠互利的一笔生意。

如果对手不先开口，小张就无法详细地了解对方，自然也就没有办法谈成生意了。在谈判过程中，谁先开口，谁谈论得比较多，谁暴露的信息就比较多。而作为其对手，我们应该从其所谈论的话题中洞悉其心理，这样，在接下来的言语交锋中，我们才能对准其心理，促使谈判获得成功。

几年前，美国一家最大的汽车公司正在接洽采购一年中所需要的坐垫布。消息一出来，立即有三家厂商把样品送去备选，这家汽车公司高级职员验看后，便要求每家公司各派一位代表前来商谈，再决定选购哪一家厂商的东西。

琪勃是其中一家厂商的代表，就在前往商谈的那一天，他却患了严重的喉炎。当琪勃先生和厂商去见汽车公司那些高级职员时，他竟哑了嗓子，几乎连一点声音也发不出来。他们被带进一间办公室，跟里面的纺织工程师、采购经理、推销主任和那家汽车公司的总经理都见了面。当琪勃站起来想要说话时，却只能发出沙哑的声音来。大家是围绕一张桌子坐着的，琪勃的喉咙发不出声音，只好用笔把话写在纸上："诸位先生，我嗓子哑了，不能说话，你们先说吧。"于是，其他厂商代表纷纷开始讲起来，每到一个厂商讲话的时候，总经理都会提出自己的某些看法。而坐在旁边的琪勃则会把那些信息记下来，再综合整理自己产品的信息。

等到大家都讲完了，琪勃开始嘶哑着声音说："大家都说得差不多了，我来说说我们公司的产品吧……"由于之前琪勃收集了总经理的一些信息，他已经知道总经理看重产品的哪方面、不介意产品的哪些方面，因此，他避重就轻地谈了公司产品的特点，短短几句话，就赢得了总经理的认可。当然，最后这家汽车公司向琪勃订购了50万码的坐垫布，总价是160万元。

也许，这份订货单是琪勃至今为止所经手过的最大的一份，但是，琪勃很清楚如果不是自己喉咙嘶哑，说不出话，他有可能会失去那份订货合同，因为他在之前对整个事情都有错误的观念，以前，他总是觉得自己先开口，就能掌握话语的主动权。但通过这次经历，琪勃发现原来把先开口的机会让给别人，这是很值得的。

潜能大师安东尼·罗宾说过："对成功者与不成功者最主要的判断依据是什么呢？一言以蔽之，那就是成功者善于提出好的问题，从而得到好的答案。"在谈判过程中，善于提问是很有必要的，一个好的提问可以引发一次愉快的沟通，而一次愉快的沟通会让你获得更多的信息。

成功的沟通是尽可能地让对方多说话，当需要别人赞同自己意见的时候，失败的原因就在于话说得太多了，特别是一些推销员，他们很容易犯这个错误。其实，要想取得良好的谈话效果，你应该让对手多说话，表达出自己的意见，或者说，应该你问他问题，让他来告诉你一些事情，这样你才能摸清对手到底在想什么。

19.忘记你的爱好，多多谈论对方的兴趣

卡耐基说：“夏天的时候我总是喜欢前往缅因州钓鱼。就我自己来说，我喜欢吃杨梅和奶油，可是，不知道出于什么原因，我发现鱼儿们并不喜欢这种食物，相反它们更爱吃小虫。所以当我去钓鱼的时候，我不想我所要的，而是想着鱼儿的兴趣，用虫子和蚱蜢当诱饵。这样一来，我就可以轻松地对鱼儿们说：‘你要吃那个吗？’”

相信大家都钓过鱼，也知道钓鱼的道理。可是当你想说服别人为自己做些什么的时候，为什么不用同样的常识，去“钓”一个人呢？

有人问路依特·乔琪（美国独立战争时著名的高级将领），如何能在别的战时领袖们都退休不闻政事后，还身居权位？

他回答说：“如果官居高位可以归功于一件事的话，那就是，你想要钓什么样的鱼，就需要什么样的诱饵。不同的鱼要使用不同的钓饵，如果你一厢情愿，长期使用一种鱼饵去钓不同的鱼，你一定是劳而无功的。”这也是路依特·乔琪从钓鱼中所悟出的道理，是他一生经验的总结。

卡耐基说：“为什么我们只谈自己所要的呢？这是多么幼稚的举动。除了你，可能不会再有人对你的需要感兴趣了。不过，所有人都和你一样，我们都注意着自己的需要。正因为这样，世界上唯一能够影响对方的方法，就是时刻关心对方的需要，并且还要想方设法满足对方的这种需要。”

卡耐基和路依特·乔琪的办法值得我们学习。这个方法无论是对成人还是孩子，甚至对动物也都一样适用。

谈判犹如球赛，前半场要先探听虚实

在实际谈判中，当我们在与对方进行语言交流的时候，需要"忘记"自己的兴趣与爱好，围绕对方的兴趣爱好来展开话题，这样会使彼此之间的沟通更加顺畅。在谈判过程中，谈论对方的兴趣与爱好，这样能让对方感觉到受重视、受尊重，继而赢得对方的好感与信任。许多人习惯于谈论自己的兴趣爱好，从来不考虑对方，这样的人永远不会得到对方的认同。所以，赢得对方好感与信任的诀窍在于，用他人的兴趣与爱好来展开话题，谈论他最喜欢的事情，这样才足以赢得对方的信任。

阿美是一家房地产公司总裁的公关助理，奉命聘请一位特别著名的园林设计师为本公司的一个大型园林项目担任设计顾问。但这位设计师已退休在家多年，且此人性情清高孤傲，一般人很难请得动他。

为了博得老设计师的欢心，阿美在正式拜访之前做了一番调查，她了解到老设计师平时喜欢作画，便花了几天时间读了几本中国美术方面的书籍。这天，她来到老设计师家中，刚开始，老设计师对她态度很冷淡，阿美就装作不经意地发现老设计师的画案上放着一幅刚画完的国画，边欣赏边赞叹道："老先生的这幅丹青，景象新奇，意境宏深，真是好画啊！"一番话立即使老先生感到一种愉悦感和自豪感。

接着，阿美又说："老先生，您是学清代山水名家石涛的风格吧？"这样，就进一步激发了老设计师的谈话兴趣。果然，他的态度转变了，话也多了起来。接着，阿美对所谈话题着意挖掘，环环相扣，使两人的感情越来越近。最后，阿美说服了老设计师，出任其公司的设计顾问。

人类本质里最深层的驱动力就是希望具有重要性，而且，一个人的兴趣与爱好是其人生中最看重的一部分，他希望自己的兴趣与爱好能够得到别人的认同与肯定。一旦你在谈话中巧妙地说到了他的兴趣所在，他就会转变之前的冷淡态度，开始滔滔不绝起来，在自己感兴趣的事情面前，任何人都会激起一种谈话的欲望。所以，如果你想让对方对你的谈话感兴趣，那就只能以对方的兴趣来展开话题，这样才能有效地博得对方的好感，令之后的沟通畅通无阻。

有一次爱默生和他的儿子想把一头牛拉近牛棚里，可是他们怎么努力都没有办法。

爱默生在后面用力地推着，儿子在前面使劲地拉着，而那头小牛四腿张开，牢牢地站在草地上抵抗前进。

他们僵持的情景，被旁边的一个女佣看到了。虽然这位妇女并不能够像爱默生一样写出优美的散文，可是至少在这次，她懂得牛马牲口的感受和习性。她刚才在厨房干活，手指还带有盐味儿，于是她把自己的手指放到小牛嘴里，让它像吃奶般吮着，一面轻轻地把它牵进牛棚。

可见，了解并满足对方的需要就能轻易影响对方。汽车大王亨利·福特曾说："如果成功有什么秘诀的话，那就是站在对方的立场来看问题，并满足对方的需要。"

多么简单明了的金玉良言，但依旧有相当多的人对它视而不见，就像爱默生和他的儿子一样。所以，明天你要说服别人替你做些什么时，就要灵活运用这种方法。

这个道理是最浅显而明白的，任何人都能够获得这种技巧。可是对很多人来说，这种"只想自己"的习惯却是本性难移，因为这一行为发自我们的基本需求。如果你能够把这种习惯改掉，站在对方的角度，了解并满足他们的需要，你会发现说服的过程会更简单，任务更容易完成，得到的也会更多。

今天成千上万的推销员，每天疲惫沮丧、劳累不已，但是收获甚少。这是为什么呢？因为他们并不懂得顾客的心理，他们只是想到自己所需要的，而没有注意到，他们所推销的是不是对方所需要的东西。

谈判犹如球赛，前半场要先探听虚实

当我们需要什么东西，会自己出去买，因为我们所注意的，是如何解决自己的问题。假如有个推销员，他所推销的服务和商品，确实能够帮助我们解决一个问题，那么他不必喋喋不休地说服我们购买，我们就会买他的东西。顾客喜欢觉得是自己主动买的，而不是由于推销才买的。事实上，许多销售人员在自己的销售生涯之中一直都不知道应该如何从顾客的角度看待问题。

在说服的过程中，你一定要明白不是你想要什么，而是对方想要什么；不是你想说什么，而是对方想听什么。

哈里·欧弗斯屈特在自己的《影响人类的行为》这本具有启发性的书中写道："……不论在商场、家庭、学校或者政治上，有一句话对于那些自诩为'说客'的人来说不失为最好的建议：要首先了解对方某种迫切的需要。"只要这样做，就能够左右逢源，永不寂寞，否则将到处碰壁。

了解并满足对方的需要，其实并不难，我们可以从以下几方面着手。

尊重对方

每一个人的自尊心都很强，一旦你无意间使其受到伤害，他便会痛苦不已。如果你时刻注意尊重对方，让其有受重视感，那么对方就会感到欣慰和满足。

不要处处当主角

人人都希望按自己的思想和意志办事，不喜欢受到别人的指指点点，这就是自主的需要。每个人都希望自己在别人面前具有优越感，于是想尽一切办法让自己的才能充分发挥，并积极运用自己的智慧，创造出可观的劳动成果，使自己看起来比别人更能干。那么就应充分尊重对方"自主"的需要，让他的自我表现心理得到满足。

投其所好

人人都有各自的爱好，如果我们在说服别人的时候，能够尊重对方的兴趣和爱好，这样会使对方得到最大的满足，有助于建立良好的人际关系，正如著名的诗人西罗斯所说：“当别人对我们产生兴趣时，我们就对别人产生兴趣。”所以，如果你要影响他人，赢得朋友，就应该学会投其所好，谈论他人最感兴趣的话题。试想，一个和你没有任何共同话题的人，又怎么可能和你深入交往呢？

20.谈判时，一点点的得寸进尺也无妨

登门槛效应又称“得寸进尺效应”，是指一个人一旦接受了比较小的要求，为了保持前后态度的一致，或者保持认知上的协调，往往会不知不觉地接受他人后来提出的一点一点增大的要求。这是一个犹如登台阶一样的过程，要求必须一级一级地变大，才能让对方答应我们内心所想却让对方有些为难的要求。

心理学家认为，登门槛效应之所以能够存在，是因为每个意志行动都有行动的最初目标。多数情况下，由于人的动机很复杂，因此人们总会面临各种不同目标的比较、权衡和选择，在条件相同的情况下，那些简单、容易的目标往往较容易被人接受。也就是说，当别人提出一个看起来有些“微不足道”的要求时，人们往往会出于“无大碍，近人情”的考虑，而不好意思断然拒绝。可是，一旦答应了这个“微不足道”的要求，就好比一只脚已经跨进了门槛里，陷入进退两难的境地。通常情况下，人们会有这种思想：一只脚都进去了，又何必在乎整个身子都进去呢？一旦人们跨进这种心理上的门槛，就不会轻易做出抽身后退的举动。再加上由于后来的、更高的要求同之前的小要求有了继承关系，而对之前的一系列小要求的接受使得人们已逐渐适应这种有承接关系的要求，从而使人们的心理失去了戒备，也就降低了出现心理对抗的可能。当人们不断接受、服从后，便会察觉不到他人逐渐提高的要求已经大大偏离了自己的初衷；另外，每一个人都希望给别人留下一个前后一致的好印象，不希望别人把自己看做“喜怒无常”的人，因而在接受了别人的第一个要求之

后，再面对第二个更大的要求时，如果这种要求给自己造成的损失并不大，往往会有一种“反正都已经帮了，再帮一次又何妨”的心理，于是登门槛效应就发生作用了。

在谈判时，尤其是涉及价格问题等利益关键的时候，不妨先提出一个对方一定能接受的条件，然后再逐渐增加要求，如此灵活地运用登门槛效应，往往会取得意想不到的效果。

我国某公司要从美国某厂订购一批机器设备。

我方代表问：“机器单价是多少？”

美方代表说：“450美元每台。”

这个价格与国际市场上的价格基本吻合。但是我方代表为了能争取到更多的利益，开始了进一步的谈判。我方代表说：“贵方开出的价格非常客观，可是贵方也知道，由于这次交易数额庞大，而且还是跨国的，一旦机器在保质期内出现故障，不仅贵方派人维修非常麻烦，而且我们也会因停机时间长而蒙受不容忽视的损失，所以，希望贵方能够帮我们培训几位维修人员。当然，我方会支付一定的培训费用。”美方代表想了想，点头答应了。

我方代表接着说道：“另外，我方还担心，一旦损耗部件出现问题，在国内不易找到同型号的，如果你们能够每台机器为我们配备一定量的备用配件，我想我们的合作会更加顺利和愉快。”美方代表思考了一下，觉得这样的要求也正常，实际上欧洲有许多公司都是这样做的，虽然己方公司暂时没有这样的先例，但考虑到此次交易的数量很大，也爽快地答应了下来。

“还有，由于我方虽然对这种机器有一定的了解，但并不专业，并不知道在运输途中应该怎样维护以及相关的注意事项，所以我方想委托贵方派人运输。我方愿意为每台机器支付10美元的运输费用。”我方代表继续说道。而美方代表认为我方的要求很合理，但是运输费用有些低了，仅仅是市场费用的

60%，便说道："我们负责运输没问题，但是运输费用太低了。"我方代表立即说道："哦，是的，这低于市场价格，但那可是整整2000台机器，这样算来贵方的平均运输成本也是低于市场平均水平的。"美方代表考虑了一下，想到谈判都进行到这一步了，没必要为了这一点点利益毁了生意，于是也答应了下来。

就这样，我方代表一步一步地与对方进行着谈判，一步一步地为己方争取更多的利益。最后，对方连"包换日期延长为9个月，如果机器在包换期内出现质量问题，将由美方赔付我方全部损失"的条件也答应了下来。而每台机器的综合采购费用比国际市场的最低价格还低了15美元。

在谈判中，我方代表利用登门槛效应，在对方毫无察觉的情况下为己方争取到了巨大的利益。假如我方代表在谈判开始时就开门见山地说"你们必须保证低价运输、延长包换期、质量赔付等"，那么对方多半会一口拒绝，谈判也会就此破裂，我方也无法从谈判中取得如此多的利益。

在谈判中，开口提要求也是有学问的，要先小后大，先易后难，这样才能一步一步达到我们的目的，一点一点地争取到尽可能多的利益；相反，如果想一句话就提完要求，那必定会被拒绝。总的来说，谈判中，说话要懂得运用登门槛效应。

21. 用微笑感染每一个参与谈判的人

美国密歇根大学的一位心理学教授在谈及人际交往时的微笑，是这样说的：那些常常满面笑容的人，在管理、教育和谈判当中会更容易获得成功，更容易感染所有和他们接触的人。笑容比愁眉苦脸能更友好地传达一个人内心的状态，这也正是为什么要鼓励用微笑取代惩罚的原因。

安东尼是镇上的一位兽医，由于医术高明并且为人亲切，他的诊所里总是挤满了前来给宠物看病的人。有一年冬天，他的兽医候诊室中像往常一样挤满了人，他们都带着自己准备注射疫苗的宠物。大家不约而同地沉默不语，全都烦躁地等着医生喊自己的名字，也许每个人都在想也许该干些什么，而不是呆坐在那儿浪费时间。

就在大家等待的时候，进来了一位女士，她带了一个婴儿和一只小猫。她坐在一位女士的旁边，而这位女士因为等待太久正一脸的不悦。幸运的是，当她朝旁边看时，发现女士怀里的那个婴儿正注视着他，并天真无邪地向她笑。

这位女士的反应和所有人一样，她对那个孩子也笑了笑，然后就跟那位母亲聊了起来，谈到了她的孩子和她的孙子。很快，整个候诊室的气氛开始变得活跃起来，大家也都相互聊天，之前烦闷的气氛也变得轻松起来。

婴儿的微笑改变了候诊室的气氛，这就是微笑的魔力。在气氛严肃的谈判中，微笑是最富有感染力的，也是放之四海皆准的谈判开场高招。曾经有一家大型百货商场的经理说："我宁愿高薪聘请一个没有文凭、但脸上总是挂着微笑的可爱女孩做员工，也不愿请一个高学历、但整天板着脸的女孩。"由此可见，在谈判一开始就用微笑感染每一个参与谈判的人，那么谈判的结果一定会朝着对我们有利的方向发展。

一个总是满脸笑容的人，往往比一个一脸严肃的人更善于表达，更容易打动人心，也更受大家的欢迎。在人际交往中，常常保持欢声笑语，可以让你更受大家的瞩目，更受大家的欢迎。

伸手不打笑脸人，没有人会拒绝与一个满脸笑容的人交往。让自己成为一个拥有灿烂笑容的人吧，这样你在人际交往中就会占据优势。你的笑容不仅能打动人、影响人、感染人，还能给你带来无限好运。

李美静是某动车上的乘务员。在大家眼中，她是一个以笑容打动乘客、打动同事、打动朋友的人。

有一次，车刚开动不久，一个乘客多次把脚放在对面的座位上。李美静上前去劝其放下脚。这个乘客不仅不听，还对李美静出言不逊。李美静没有与他争执，始终面带微笑地一次又一次劝解。最后，事情终于在李美静的微笑中解决了。

临下车前，那位乘客还找到李美静，惭愧地说："对不起呀，乘务员，刚才我心情不好。你的微笑打动了我，你的服务态度影响了我。"李美静报以真诚的微笑说："没关系。"

还有一次，一个孩子在车上嗑瓜子，把瓜子皮吐在了车厢的地板上，李美静微笑着上前劝告。孩子没有反应，孩子妈妈生气了，还故意唆使孩子继续吐瓜子皮。李美静始终微笑着，边劝阻边扫瓜子皮。

乘客见李美静这样的态度，非常不好意思，然后让孩子停止了这种没有公德心的行为。

李美静用自己真诚的微笑打动了乘客，从而使乘客改变了不良的行为。她的微笑留给乘客深刻的印象，大家对李美静的评价都很好。

微笑是上帝赐给人类最美好的礼物，是一种令人愉悦的表情。面对一个满脸笑容的人，你会感受到他的自信、友好、乐观。同时，他这种积极的情绪也会感染你，使你油然生出自信、友好和乐观，从而很快和对方亲近起来。

在一些谈判中，当你一露出灿烂的笑容，许多问题都会迎刃而解，一切的关系都会因你满脸的笑容而变得亲切、融洽。你的笑容会带来许多意想不到的效果。在人际交往中，一定不要吝啬你的笑容。

如果是这样的，那你就给自己印一张特殊的名片吧。这张名片上应该有这样一行字：世界因你的微笑而微笑。

很多人都不善于微笑，事实上，微笑也可以成为一种习惯。开始时，你可以练习自己微笑，慢慢就会习惯成自然。

失业的张铎有一个缺点，就是总爱绷着一张脸，不苟言笑，对待家人、朋友、合作伙伴一向都是一脸严肃冷峻的表情。

现在，张铎完全像变了一个人似的，还成了一家报社的正式员工。在进入报社之前，他做过很多工作，也自主创业过很多次，但每次都失败了。

张铎找到了创业失败最重要的原因，就是不懂交际，在交际时缺少微笑。他决定重新开始打工学习，并成功应聘到现在的这家报社。

张铎给自己设计并印制了特别的名片。正面是姓名、联系方式、工作单位。反面是：世界因你的微笑而微笑！他每次递出名片时，总会真诚而友善地给对方以微笑。

一开始张铎很难改变自己严肃的表情，总是强迫自己微笑。他每天练习，面对着镜子笑，面对着家人笑，面对着朋友笑。时间长了，笑肌就练出来了，慢慢地，笑成了他生活中不可缺少的一部分。

现在，他时常笑容满面、热情真诚，给许多人留下了良好的印象。短短一年的时间，张铎把报社的业务搞得红红火火，发行量剧增，并得到了老总的赏识。

在人际交往中，要学会自然的微笑。微笑是快乐心情的表现形式。自然而美好，亲切而真诚的笑才是完美笑容的表现。最好不要假笑、傻笑、伪笑。

在人际交往中，你的微笑得传达出你的真心诚意。人的笑容感受力和识别力是非常强的。一个笑容代表什么意思，是否真诚，人通过直觉能很敏锐地判别出来。所以，当你对别人微笑时，一定要真诚。

真诚的微笑能让对方的内心产生美好和温馨的感受，对方会受你的感染报以你更加真诚的笑容。这样双方的情感都会陶醉于愉悦之中，从而加深彼此之间的感情。

在交际中，你的微笑要符合不同的人际关系和沟通场合。对不同的交往对象，你的微笑要表达不同的意义，以此传达不同的情感。尊重的笑容应该是给长者，关爱的笑容应该是给孩子，爱意的笑容应该是给爱人，等等。微笑使人觉得你很友善，喜欢并愿意与你交往。

当然，不是任何场合都适合展示你的笑容，如果笑得不合适、不恰当、不适时，就会适得其反。当你去参加一个庄严肃穆的场合，你就不能露出你的笑容，否则会招致别人对你的反感和厌恶。

笑容是对对方表示的一种友好和礼貌，是对他人的尊重，也是自尊、自信的表现。多绽放你的笑容，并要使自己笑得恰如其分，这样才能体现你笑容的价值，让你在交际中成为最能打动人心的那个人。

22. 学会倾听，你的"说"才会更有效

在谈判过程中，占据主动位置的一定是会说的人吗？不一定，有时候，能够把控沟通主方向的人往往是一些善于倾听的人。卡耐基说："对和你谈话的那个人来说，他的需要和他自己的事业永远比你的事重要得多。在他的生活中，他要是牙疼，要比发生天灾数百万人伤亡的事情还更重大；他对自己头上小疮的在意，要比对一起大地震的关注还要多。"因此，我们必须学会利用我们的耳朵，做一个善于倾听的人，并牢牢地抓住沟通的主控权。

倾听是一门学问，在倾听的过程中，不能只是机械地用耳朵听，同时大脑也要不断运转，不但要清楚对方说的是什么，而且也要用最快的速度在对方的言语中捕捉到有利于和不利于自己的信息，根据情况迅速作出分析，将这些信息分类整理好，在头脑中形成一个大致的思路，然后找出应对的办法，最后做总结性的发言，这才是有效的倾听。这种有效的倾听将帮助我们说得宜的话，说正确的表明立场的话，进而取得谈判的成功。

在美国有一位非常有名的谈判专家，参加过很多重大的谈判，赢得了在谈判场上战无不胜的美名。因此，很多人需要谈判时都希望他可以出面，帮助自己解决问题。

有一次，一位医生的房子在一场台风中被毁了，但是值得庆幸的是，这位医生为自己的房子上了保险，按道理他可以得到一笔赔偿金，但是具体的赔偿金额却是需要双方协议商定的。于是，这位医生找到这位谈判专家，希望他可以出面同保险公司商讨理赔的问题。

这位谈判专家问医生："请问您在这次台风中损失了多少呢？"

这位医生说："大概是200万美元吧，但是只要保险公司能赔给我一半，我就心满意足了。"

这位谈判专家知道了事情的大概情况后，就给保险公司打电话，希望可以尽快商谈。于是保险公司派来了一位代表，在与这位专家见面后，代表说："很荣幸认识您，先生。"在说话时，这位代表表现得很不自然，专家看出了这一点就想好了谈判的策略。

接着，代表直接表明了自己的想法："先生，我知道您的谈判实力，可是像他这样的情况我们最多只能赔偿80万美元，您觉得怎么样？或许您觉得有些少，但是这种自然灾害是没有全额赔付的案例的，最高赔付比例也只是40%而已。"

专家笑笑，没有说话，因为他从对方的语言中听出了对方的意思，对方给出的价格连对方自己都觉得少，于是他等待对方的反应。果然，过了一会儿，看专家没有说话，这位代表有些不安地说："为了显示出我们保险公司的责任感和诚意，我们同意将理赔的价格提高到100万美元，您看怎么样？"

这位专家说："100万美元，您是在开玩笑吗？被毁掉的是整个别墅和屋里的所有财产，您认为这些只值100万美元吗？"

这位代表看到专家似乎有些生气了，于是说："好吧，我们公司出于人道的考虑，同意将价格提高到150万美元。"

专家说："太少了，我们再看一下现场吧，损坏是彻底的，这个赔付金额实在不足以弥补损失。"

于是这位代表又说道："那么160万美元吧，这是我们能给出的最高价格了。"

这位专家说："如果你们不打算付出200万美元，我们是不会同意协商的，并且我们会控诉你们公司的不负责任。"

这位代表听到这里，很怕惹上麻烦，最后答应了专家的要求，双方以200万美元的赔偿金额达成了协议。这个结果远远超出了医生的预料，这是全额赔付，他认为谈判专家实在是太厉害了。

谈判专家说："其实这也是我没有想到的。但是对方在与我谈判时，不断用到如'怎么样''是不是''如果'之类的词语，于是我判定其金额与对方的底线之间还有相当的距离，谈判空间还很大，因此我才提出全额赔付——200万美元。这要感谢对方将其底线说给我听。"

谈判专家非常好地利用了倾听的力量，他听出了对方话中总是出现"怎么样""是不是""如果"这样带有不肯定性的词语，经过分析，判断出谈判空间还有很大，这才非常强硬地说出了为己方争取利益的话——"100万美元，您是在开玩笑吗……""太少了……""如果你们不打算付出200万美元，我们是不会同意协商的……"如此一而再、再而三地大胆地说"得寸进尺"的话，并最终为己方争取到了最大的利益。

试想，如果谈判专家没有进行有效的倾听，没有通过分析对方的话而得知谈判空间还很大，他还敢如此"得寸进尺"地说话吗？他还能为己方争取到最大的利益吗？恐怕早在对方答应给出100万美元时，就口出同意之言了吧！

在谈判桌上，有效的倾听是非常重要的，它关系到你能否说出正确的应对之言。但值得注意的是，有效的倾听不是单纯地听，更包含了对对方的话进行信息收集、信息分析、信息判定。比如，在上例中，谈判专家对发现对方频繁使用"怎么样""是不是""如果"等词语，就是信息收集；由此知道对方也觉得自己很可能不同意，就是信息分析；接着判定还有很大的谈判空间，则是信息判定。

总的来说，在谈判中，要学会有效地倾听，有了这个前提，我们的"说"才会更有效率，才能赢得最后的胜利。

23. 说服对方，决不可一直喋喋不休

那些不知道什么时候该停止讲话的人往往把人逼疯了。如果你想成为一位高效的销售人员，你必须知道何时停止劝说。不论是在销售还是商务谈判中，说服者常常因为不知道什么时候闭上嘴，而把事情搞得一团糟。

苏格兰著名辩护律师弗朗西斯·威尔曼曾说过这样一段话："当你发现石油的时候，要马上停止钻探；许多人因为钻探得过深过透，石油由地底冲天而出！"

与很多事情一样，说服成功的关键也在于把握度。有时候，你想说服对方，如想让买方购买自己的东西，卖方的确必须制造一种紧迫感，以使买方尽快采取购买行动。但是，如果你不懂得把握分寸，总是一个劲地催促，不知道适时停止，不能理解对方的细微反应，那么很可能因为催促力度过大，对方会本能地退缩回去。

成功的销售人员善于拿捏说服的分寸，尊重客户的智慧；而糟糕的销售人员大多存在过度劝说的问题，他们低估了客户的认知能力。

由此可见，你必须在开口之前仔细思考你要说的话会产生什么影响，在每句话说出之后留心观察对方的细微反应，说话的时候注意适当的停顿，给双方都留出思考和消化的时间。很多人忽视审查对方的想法，只管按照自己的意愿侃侃而谈，结果费了不少口舌，却收不到任何效果。

玛丽是某咨询公司职员，负责业务开发工作。她最大的优点就是做事有恒心、有毅力，因此她的业绩一直很好。

有一次，她接待了一个印度公司转介到中国公司的客户，印度公司在转介的时候，特别向玛丽强调这个客户是一个虔诚的佛教徒，玛丽却不以为意。在洽谈的过程中，双方因合同中的付款方式存在微小异议，而暂时中断洽谈。

事后，急于求成的玛丽不断寻找各种机会说服对方同意公司的付款方式，她不仅通过电话、邮件等方式，甚至在印度客户去寺庙祈福的时候，仍然站在客户旁边不停地解释公司为什么有这样的付款要求，希望客户能够签约。没想到，客户从寺庙出来后，不仅对玛丽非常生气，指责她破坏了寺庙神圣的氛围，而且还以玛丽不尊重他人信仰为由，立即终止了谈判，这笔业务就这样以失败告终。

坚持是一把双刃剑，说服中不能缺少坚持，然而把握不好坚持的尺度反而会起到相反的作用。玛丽怎么也没想到，自己的坚持竟然成了导致失败的最大因素。

那么，如何把握好说服的尺度呢？

学会察言观色，认识必须停止说服的信号

心理学研究表明，人的内心活动通常有70%会直接表现在面部表情和肢体语言上。如果你观察到对方做出以下行为时，你就应当到此为止：双腿交叉并且晃动不停；频繁摇头或擦眼镜；咬嘴唇或用手指摸嘴唇。

当人们做出这样的行动，说明已经产生厌倦或抵触心理，如果继续劝说，只会给对方造成反感。

做到张弛有度

橡皮筋绷太紧就会断，同样道理，如果一直给对方施压，对方很可能在短时间内承受不了，从而产生逆反心理，这对说服的推进是相当不利的。因此，在说服过程中一定要根据对方的反应，随时调整说服的进度和强度，不能松懈，也不能一味地猛攻。

说服尺度因人而异

有些人喜欢听别人的指点和批评，那么说服者应该耐下性子逐步加深说服的程度；相反，有些人比较有主见，说服者只要做到点到为止即可，不必做过多过深的解释。换言之，说服到什么程度取决于说服对象。

把握好说服的尺度，不仅体现在根据他人的反应做出说服调整上，也体现在主动制造停歇上。

我们经常可以看到，当交涉陷入困境时，头脑灵活的人往往会趁机说一句“今天暂且到这里，下次再继续”，让双方都能获得喘息。试想一下，如果双方都固执己见、互不相让，那么结果只能是无休止地争论下去，浪费了时间，却毫无效果。为此，不妨主动提出停止交涉，让双方的头脑获得“冷却”时间，也许大家冷静下来之后，事情就能获得转机了。

永远都要记住：说服不能靠强迫。有时，三两分钟的休息、一个“跑题”的小插曲、一个暂缓的提议、一次“请再考虑考虑”的提醒，也能起到事半功倍的说服效果。但请注意，停下说服的脚步并不意味着无限期地拖延，这只是暂时的休息，说服者时时刻刻都要把握好“适度”这把良尺。

Part 5

有问有答，谈判场上也会“刀剑相向”

24.“问”可看作一种企求，“答”当看作一种退让

问题是心灵的走廊，它能使谈判双方都涉足对方的情境之中，只可惜大部分的人在谈判结束后才想到好问题。

在谈判过程中，有时候你的对手会由于你的问话而产生被压迫感，显得惶恐不安。这或许是由于你提出的问题不够清楚，对方不能了解你的用意，因而产生了误会，自尊或自信受到了打击。换句话说，当对方由于你的发问而感到不安时，你必须马上采取行动，以消除他的不安。你所应采取的行动是：进一步讨论核心问题，或是直接将你的意思表明。

解除对方不安的方法是：不露痕迹地转移话题。然而，转移话题时一定要把握新话题的方向，并且要做得自然，丝毫不露痕迹。最重要的一点是：我们必须看透对方心理变化的整个过程，还要预测出问话可能令对方产生的任何情绪变化。记住：问话时，绝对不能超出话题，不然会弄巧成拙。

下面这个律师问话的例子可以参考。

“你是亲眼看到打架经过吗？”

“没有。”

“那么，你是在他们打完后才到现场的？”

“是。”

律师又问：“那你怎样证明被告把原告的耳朵咬了下来？”

“我看到他将原告的耳朵吐出来。”

有人将问话分为三个步骤。

问什么

在问话的时候，尽量不要刺伤对方，更不能刻意表示自己特殊的地位。举个例子来说：假如你是个主管，有一天，你的一个下属迟到了，你上来就问："现在几点了？"当然，你并非真的在问他几点钟，只是借这个问话来表示你主管的身份罢了。可是，假如他是家中有事才耽搁了，身为主管的你是否可以换另一个完全不相同的语气问："你今天怎么迟到了？是不是家中发生了什么事？有什么我能够帮忙的吗？"

怎样问

不要提出一些有压迫性的问题，令对方窘困不安。只要你能认清自己所期望的答案方向，问话就能够消除对方的疑虑。在提到有关将来的问题时，你自己要先衡量一下：你希望得到的是确切的答案，还是约略的答案。

你应记住一点：你要努力在问话中诱导对方向你所期望的目标靠拢。假如你是推销液化气的售货员，你最好不要问你的顾客："先生，你是要大罐的，还是小罐的？"你最好是问："先生，来一罐大的，好吗？"

什么时候问

假如你想要取得谈话的控制权，或是不希望话题被打断，那么，要注意使用问话的技巧。举个例子：在一项交易进行到决定性阶段时，买方的太太忽然从家里打来了一个电话，打断了交易的进行，使你不能再继续谈判下去。

这时，你可以轻松地说："喔！人生大事自然要交给太太决定，不过，交易这种小事情总要自己做决定吧！你说是吗？我们总得决定一下：这笔拖拉机生意还要不要做。我说的是400台拖拉机的生意……"

在另一种情况下，当你希望别人注意你感兴趣的话题时，利用问话技巧，也是一个非常好的手段。

举例来说，在会议中，你期望大家讨论的主题是：产品制造的程序与方法，可是，在经过一个小时的讨论之后，大家依然在市场调查的问题上转。这时候，你可以非常诚恳地对其中一个人说：“你对市场调查的独特见解的确很了不起，只是，能不能请你就产品制造方面，再提一下你的意见呢？”这样，你很轻易地就把主题转向你所期望的重心上。

在谈判中提问题并不容易，通常一个人提问题能力的高低，决定了他谈判能力的高低。

提高问问题的能力，要掌握以下要点。

☆不要提可能刺激对方的问题，除非你想引起争端。

★不要质问对方的诚实，因为他们不可能因此比较诚实。

☆不要打断别人的话，即便是很想问问题，也不要这么做，用笔把问题记下来。

★不要认为自己是包青天，记住谈判并非问案。

☆不要随意提问，应注意掌握时机。

★不要为卖弄自己的小聪明而去提问题。

☆不要在你的同事尖锐提问的空当，强行插进自己的问题。

你要做的应该是以下几点。

☆事先草拟问题。

★把早先的接触当作搜集事实的机会，结果在谈判之前有可能就已经浮现。

☆召集参与谈判的人集思广益，一定会发现一大堆好问题。

★有胆量问那些听起来显得很笨的问题。

☆问那些很蠢的问题，这通常可以起到抛砖引玉的作用。

★能够向买家的秘书或是制造商、工程师提问。

☆有勇气咨询题外话，往往会有玄机从中泄出。

★利用间歇时间设计新的问题。

☆在提问后保持沉默。

★能够在对方企图躲闪问题或是含混了事的时候，咬住不放。

☆问那些已经知道答案的问题，它们能帮你评估对方的可信程度。

在谈判桌上，“问”可看作一种企求，“答”当看作一种退让。发问适宜，答得机巧，谈判自然无往不利。

25.不是所有问题都必须回答，有些问题可以“听不懂”

很多时候谈判如战场，会遇到形形色色的人，当然也会遇到让人难以回答甚至不怀好意的提问，如果不懂得谈话技巧，很容易让气氛变得尴尬，甚至得罪人。在面对不想回答的问题时，要学会答非所问，巧妙化解，既不失礼，又保全了自己的面子。

有些人就是因为不善于巧妙回答提问，而让自己陷入被动又无法让对方满意。如果不懂得变通，就无法掌握谈判之术。

小齐在保险公司干了很多年，能力没的说，就是不会说话，每次跳槽都是因为处理不好跟领导的关系。

再次辞职之后，小齐非常郁闷，整天借酒浇愁，还老抱怨没有人懂他。后来，好不容易有个老朋友想帮他一把，还是被他搞砸了。

老朋友想把小齐介绍到朋友张老板的公司，特意摆了一桌酒席，千叮咛万嘱咐，要他好好说话。

酒过三巡之后，张老板了解到了饭局的意思，问小齐说：“听说你的业务能力不错，为什么辞职啊？”

小齐不假思索地说：“因为跟老板的关系不和，不知怎么就得罪了他。”

老朋友一听就不高兴了，他想小齐怎么还是如此不会说话，赶紧打圆场说：“小齐比较实在，跟你开玩笑呢。他的业务能力挺好的。”

老板对小齐有了几分了解，不动声色地问：“那你期望的工资是多少？”

小齐马上就要开口说越多越好，老朋友赶紧抢先说：“大家交情不错，你根据他的能力给吧，他不会过多计较的。”

纵然老朋友在中间一再周旋，但小齐的表现还是让人不满意，最后老板找了个借口，离开了饭局。

“你怎么这么不会说话啊？我都帮你到这份上了你还是不争气，以后千万别再找我帮忙了。”最后，老朋友面子过不去，也撒手不管了。

小齐一个人坐在那里，又生气又无奈。

在谈判中，不要回答别人想知道的问题，要回答自己想回答的问题。尤其是在重要的场合，巧妙的回答不仅能让人满意，还可以显示自己的能力和才华，让对方产生好感。小齐是个不会回答问题的人，不加思考、不计后果的回答，只能暴露自己的短处，影响自己的形象。

在跟别人谈话时，哪怕是很熟悉的人也要好好回答对方的问题。从回答问题的方式，对方就能看出你的为人，直接影响别人对你的印象。有的人认为，话多说一句少说一句都没关系，在回答问题时常常信口开河，或毫无保留地据实回答。事实证明，这是不可取的。

这时答非所问就派上用场了。答非所问可以让我们巧妙地绕开他人的话题，既能避免尴尬或不怀好意，又能避免失礼，引起不必要的麻烦。懂得运用答非所问方式巧妙回答问题的人，总能在社交中如鱼得水，赢得“柳暗花明又一村”的新局面。

要想做到答非所问，就要懂得“揣着明白装糊涂”，这样的人不是傻瓜，而是真正的智者。面对尖锐的问题，回答会让我们感觉尴尬，不回答又显得不够大气，假装听不懂其中的含义，用其他方式回答就刚刚好。

有些人无法做到答非所问，他的人际关系就显得比较紧张。凡事太过认真，就显得心胸狭隘、斤斤计较，这是交际中的忌讳，千万不能老犯类似的错误。遇到难题，要学会轻松绕行，这样才能把交际问题做得更好，达到自己的社交目的。

遇到不方便正面回答的问题时，可以通过暗示让对方明白其中的意思，或者传达自己的不满，言在此而意在彼。这是一种有效的缓冲方法，将对方扔出的“炸弹”威力降低，也可以给对方一个含蓄的警告或下马威。如此，对方才能意识到自己的问题并加以改正。

交际中，很多时候都不能“打开天窗说亮话”，要通过巧妙的暗示将难以回答的问题变得简单，同时也避免气氛过于尴尬。所以，要学会通过暗示表达自己的意思，巧妙回答问题。

巧妙转移话题也是答非所问的重要方法，面对不想回答的问题，不妨当作没听到，开启新话题，这是很常用的说话艺术。主动转换话题，主导谈话方向，这样才能在聊天中占据主动，避开雷区。

小王是刚入职场的新人，因为初生牛犊不怕虎，一来就得罪了很多人，这让他吃了不少苦头。后来，虽然他也意识到了不妥之处，但平时跟人聊天时还是有人故意刁难他。

在一次培训的时候，小王因为早晨有事迟到了五分钟，这可不得了，一时成为众矢之的。张老师是这里的老人，带头难为他：“哟，小王，你可是从来不迟到的，今天培训怎么迟到了？莫不是对领导有意见？”

面对这么故意刁难的问题，小王很生气，但也不敢跟张老师对着干，他灵机一动，说：“张老师，您来得真早，早就听别人说您是单位的楷模，以后我得跟您学习了。”

张老师还想发问，小王立刻打断他：“听口音您是北京人吧？我外婆家也是北京的，有机会到北京请您吃饭。”

就这样，小王通过转移话题，巧妙逃避了张老师的刁难，避免了尴尬，解除了危机。转移话题，转移对方的注意力通常都能收到类似的效果。

遇到实在不想回答的问题，还可以曲解对方的意思，假装听不懂，用糊涂方式应付过去就行了。

很多时候，那些谈判经验十分丰富的人很会设计谈话陷阱，如果按照常规的思维方式，必然会掉进语言陷阱，巧妙曲解就不会如此了。

如果对方的问题很有难度，或者一时不知如何回答，可以通过反问把问题抛给对方，让对方替自己回答。如此一来，对方可能会因为不好回答而放弃刁难，或者自己也可以根据对方的回答而取其精华。

总之，在交际中难免会遇到些不怀好意的刁难者，他们总会设置一些语言陷阱，如果我们不懂，答非所问，就会陷入被动，被对方牵着鼻子走。所以，要培养自己绕开话题的意识，既给了对方有力的还击，又彰显了我们的智慧，这是最好不过的了。

在交谈时，除了可以通过以上几种方式来应对他人不怀好意的问题，更主要的是随时保持敏捷的思维，寻找对方话语里的突破口。只有如此，才能把问题回答得更好，才能一直占据交际的有利地位。

26.谈判场上，敏感话题可以回答得“糊涂”一些

无论是商业还是政治或者是其他活动，都离不开谈判，通过谈判而达成一致意见，签订协议并通过认真履行使双方获益。而谈判行为是一项很复杂的交际行为，它伴随着谈判者的言语行动、行为互动和心理互动等多方面的、多维度的错综交往。谈判过程中，作为代表一方利益的谈判者，你能否成功识别出对方的现实动机和长远目的、对方派出人员的权限乃至其心理状态、个性特征，在很大程度上影响着谈判的成败。

很多时候，面对别人的发问，我们感觉很为难，怎么回答都不合适。最好的方式就是适可而止地点到为止，将问题模糊化，既能让对方满意，也不失去自己的立场。

张云大学毕业后没有找到合适的工作，但还好，她长得漂亮，身材也好，家里经济条件也不错。她妈妈就找人给她拿了一个艺术学校考试的报名单。

“妈妈，我也觉得学艺术才适合我，要是我能被录取，说不定我就成为明星了。”张云沾沾自喜，沉浸在幻想中，好像她已经是明星似的。

张云的各科成绩考得还算勉强，等到面试那天，张云把自己好好打扮了一番，整个人感觉都不一样了。

轮到张云面试时，她从容地走进去，礼貌地向各个面试官问好。

“你先做下自我介绍吧。”

张云口齿伶俐，说得非常好，面试官都很满意。张云察觉后，越发自信。

这时，其中一个面试官忽然发问：“如果有客人来我们学校，需要你陪

他吃饭、跳舞，你会同意吗？”

一听这个问题，张云当场就不高兴了，她认为面试官是在侮辱她的人格。

“你们把我当什么了？我是来学习的，又不是来陪舞的，这是什么破学校，我不来了。”张云一冲动，就放弃了面试机会。

陪同张云前来面试的朋友看到张云出来时一脸的懊恼，便询问情况，听张云说完后，朋友认为她太冲动了。但张云质问朋友：“那该如何回答？难道让我答应他们的无理要求吗？”

这时，她们看到另一个面试的女孩走了出来，朋友立刻上前询问那个女孩是否也遇到了面试官的“刁难”，她笑着点了点头。朋友问那个女孩是怎么回答的。

女孩说：“我告诉他们，我的主要任务是学习，如果这是无理的要求我是不愿意做的。但如果跟表演有关，又是合理的要求，我会尽量做的。”听了女孩的回答，张云的朋友竖起了大拇指。女孩没有给出明确的答案，只是给了模棱两可的说法，面试官应该会很满意。而张云听了之后，也是懊悔不已。

事实上，这不是刁难，而只是一种常见的面试考察。在社交中，类似的情况并不少，如果不能机智应对，必然要碰钉子。

有些人不擅长交际，捧着自己的一颗真心到处碰壁，也许他们说的是实话，但会让他人觉得难以接受。在面对难题时，我们要学会隐藏“锋芒”，不要单刀直入，要用迂回的方式回答，让对方感觉似是而非又不明确就对了。

在社交场合，说话做事要万分谨慎小心，你的一言一行都能影响你给他人留下的印象。如果面对问题，直接肯定或否定都不能让别人满意，这时候就不能直言，要采取迂回方式，将问题绕过去，模糊回答。并不是所有问题都要明明白白，在两难问题中模糊回答才能达到效果。

当然，把两难的问题模糊化不是一件简单的事，要沉着应对。如果对方抛出的问题只是对事不对人，我们没必要生气，笑呵呵地一带而过就好了。如果分明是语言陷阱，我们就需要万分谨慎，不要冒失回答，应尽量委婉，让对方找不出破绽。

为什么我们明知对方在故意刁难，还要委婉回答？因为交际不是为了攻击别人，也不是为了争出胜负，而是为了广结善缘，拓展自己的人脉资源，达到自己的社交目的。模糊化的回答可以巧妙避开锋芒，同时展现我们的交际才华，展示我们人格魅力，所以要重视。

在交际时，不要以为自己很聪明，就得意忘形而忽略了语言陷阱。能提出两难问题的人，通常都是社交高手，如果回答不合时宜，对方就容易看出你的弱点。实际上，模糊回答问题不仅是为了避开对方的锋芒，同时也是保护自己的方法。

真正的智者，是那些面对任何问题都能回答得滴水不漏又云淡风轻之人，再尖锐、难选择的问题都能被他们磨掉“棱角”，变得“圆滑”，其中的谈判艺术是非常值得我们学习的。

首先，在面对两难的问题时不要急着回答，不要急不可耐地表达自己的内心想法。应先从态度上肯定对方的问题，然后再采取迂回方式、结合当时的情况，推辞、转换对象，不要给出明确回答，表明心迹，让对方感觉似是而非。

在一个宴会上，有一个人一看就是很有钱的人，成为众星捧月的“明星”。很多人都不停地向他敬酒，并“勇哥”前“勇哥”后地吹捧着他。

“勇哥，以后你要多多关照我们，大家可全依仗你了。”

“是啊，是啊，你是我们当中最有出息的，来，我敬你一杯酒。”

“勇哥，谢谢你之前给我办成的事，真是感谢你了。”一个男子给勇哥斟了一杯酒。

“都是应该的，谁让咱们是好哥们儿呢。”酒过三巡，这位勇哥很兴奋，他拍着这个斟酒的人的肩膀说，“我女儿大学毕业一直没对象，跟你儿子差不多大，我做主，让他俩结婚吧。”

大家都知道这个勇哥的女儿长得不怎么样。这个斟酒的男子想了想说：“这个提议自然好，但是我们家一向很民主，我得回去问问儿子，要是他没意见，我立刻安排他们相亲，你看如何？”

这个男子说得情真意切，滴水不漏，勇哥笑呵呵地答应了。

实际上，这个男子的回答相当模糊，完全没有要答应的意思。但这么说，也绝对不会得罪人。

其次，在面对难回答的问题时，千万不要把话说得太细、太具体。说具体了就容易说砸，要保持中立，两者都不偏颇，这也是模糊回答问题的一种有效方法。

“你最喜欢跟什么样的人聚会？”在一个社交晚会上，李岩被人问了这样一个问题。

李岩想，自己要是回答说喜欢跟现在的人交往，对方一定感觉自己假；如果说其他的，对方肯定会不高兴。

于是，他没有给出具体回答，而是保持了中立态度：“我喜欢跟能谈得来的人一起聚会。”李岩的态度非常友好，对方很自然就能感觉出来，自己也是能跟他谈得来的人。

在交际中遇到有挑战性的问题时，要保持心情平静，组织好语言，沉着应对，不要因为一时不冷静而使自己陷入僵局，把问题回答得模棱两可，给足对方想象的空间，既不让彼此陷入尴尬，也避免让自己陷入语言陷阱。

27.“如果”，在谈判场所一个神奇的词

“如果”是我们在平时的生活中使用频率很高的一个词，善于使用“如果”，会让很多事情发生逆转式的变化。尤其是在谈判的过程中，善于使用“如果”很可能会帮助我们获胜。

我们经常会在电视剧中看到这样的情节：当律师为自己的辩护人辩护时，通常会用到“如果”这两个字，例如“如果我的当事人当时是清醒的，他为什么不选择逃跑”“如果我的当事人是凶手，为什么他在受伤的情况下，还要拼命营救死者”等，他们之所以选择使用“如果”这个词，是因为人们在听到“如果”后，就会下意识地去思考“为什么”，并且想方设法地找到答案，在这个思考的过程中渐渐推翻自己以前的结论，开始得出律师想要的结论。

当我们在谈判桌上发现对手的意见和自己的意见大相径庭时，我们也可以使用这种策略，利用“如果”引导对方，让对方跟着我们的思路走，接受我们提出的观点。

张芳在一家孤儿院工作，最近她突然接到孤儿院即将被拆的通知。得知这个消息后，张芳非常惊讶，并立即联系院长了解情况。原来一个房地产商已经购买了孤儿院所在地的土地使用权，准备在这个地方修建一座豪华写字楼，因此要求孤儿院必须尽快拆迁。院长和孩子们都不想孤儿院被毁，毕竟这里是他们的家，却又无能为力。

于是，张芳找到房地产商和他进行谈判。一开始，张芳几乎用“求”的

姿态要求对方不要拆孤儿院，但是对方坚决不同意，理由是："如果孤儿院不拆，势必会对写字楼造成一定的影响，并且这种损失难以计算。"

这样一来，谈判陷入了僵局，对方显然不想继续和张芳交谈下去，站起来准备离开。就在这时，张芳突然站起来说："请您站在孩子们的角度上想想，如果您是他们，您的家现在要被别人强行拆毁，您是什么感觉？"

对方听了张芳的话，愣了一下。

张芳见状接着说："孩子们在被父母抛弃时，心灵上已经受到了重创，但是在孤儿院里，他们重新找到了家的感觉，现在您又要毁坏他们的家园，您让他们怎么办？况且，如果您强行驱逐这些孤儿，您的客户得知了这件事情后会是什么反应？他们会购买一个没有善心的人建的写字楼吗？到那时，您的损失会更大。"

对方陷入了沉思中。

张芳继续说："如果您答应不拆孤儿院，不仅保护了孩子们脆弱的心灵，更说明了您是一位极其关心社会公益事业的慈善人士。这就等于无形中给您的写字楼做了广告。另外，如果您答应不拆孤儿院，我们免费给您做一个宣传片，宣传您对公益事业做出的贡献，为您树立良好的形象，这样更有利于您的企业的发展。您看怎么样？"

最后房地产商权衡利弊，同意张芳的请求，答应不拆孤儿院。

在这个事例中，张芳之所以能扭转谈判的局势，让房地产商改变主意，就在于她善于运用"如果"作为逃生梯，把一系列可能发生的事情用"如果"罗列出来，让房地产商自己权衡利弊，最后成功说服了房地产商，达到了谈判的目的。

由此可见在谈判中善于使用"如果"的重要性。使用"如果"的好处就是表示事情并没有发生，对方还有机会可以弥补。另外，对我们来说，使用“如果”说明这仅仅只是一种假设，并不是事实，就算对方对我们“如果”的结果不满意，我们还有回旋的余地。这也是把“如果”称为逃生梯的另一个原因。当谈判对立尖锐的时候，你一定不要忘了搭乘“如果”这一逃生梯。

28. 必要时，学会果断地拒绝

在谈判桌上懂得拒绝的艺术是为了不让自己陷入两难的境地，要学会拒绝别人，同时也要学会避免被人拒绝。

据说美国第三任总统托马斯·杰弗逊在刚刚步入社会时，曾经遭遇过这样的尴尬。

有一次杰弗逊的姑妈去看他，杰弗逊想请姑妈吃饭，但让人尴尬的是他的口袋里仅剩50美元。他本来想带姑妈去一间小餐馆，姑妈却挑中了一家大餐馆，杰弗逊只得在心里暗暗叫苦，但还是硬着头皮走了进去。

两人在餐馆坐下后，姑妈开始点菜，并询问他的意见，他只是敷衍地告诉她："随便，点什么都行……"而此时他的心中极不平静，手伸进口袋里紧紧地握着那仅有的50美元，这些钱显然不够。怎么办？整个用餐的过程中，杰弗逊都表现得极不自然。

用完餐后，侍者拿来了账单，杰弗逊不知所措地接过账单。

这时，姑妈温和地笑着接过账单，把钱付给了侍者，然后对杰弗逊说："孩子，我知道你的尴尬和紧张，我一直在等着你说'不'，但是明明有很多次机会，你为什么迟迟不说呢？你要知道，有时候坚定地说出这个字，就是你最好的选择。我今天的行为就是想让你明白这个道理。"

后来杰弗逊说，这个"不"字正是他成为美国总统的重要基石。

杰弗逊的故事就告诉我们，想要说"不"就不要客气，坚决果断地说出来，有时候对自己来说更有利。

尤其是在商务谈判的过程中，如果你明明对对手的某个条件不满，却又犹犹豫豫，“不”字总是说不出口，这样不仅会让自己陷入像杰弗逊一样的尴尬境地，还会让自己失去更多的利益。

你的犹豫，实际上是胆怯和懦弱的表现，当对手得知你这个致命的弱点后，必然会利用这个弱点。

要知道你的对手可不会像杰弗逊的姑妈帮助杰弗逊一样帮助你，他们只会趁这个机会掠夺你，为自己争取更多的利益。

一个在谈判中不敢说“不”的人，是无法成为一个优秀的谈判者的，甚至会被人认为是一个不合格的谈判员。因为这样的人不可能会赢过对方，只会在不断的妥协与退让中，眼看着自己的利益被对方一点点地吞噬。

因此，要想成为一个优秀的商务谈判员，就应该在必要的时候，毫不客气地对对手说“不”，这样做不仅不会给你带来任何损失，相反还会为你争取更多的利益，尤其是当对方提出的条件有些离谱时，更应该这么做。

斯蒂文经营着一家小公司，本来生意不错，但是由于金融风暴的影响，公司资金周转困难。

就在这时，一家规模较大的公司主动提供帮助，但是这种帮助并不是无偿的。对方提出了两个条件：第一，公司渡过难关后，必须转让50%的股份；第二，公司必须更名，成为其公司的一个子公司。

当对方提出这些条件时，斯蒂文立即说：“这绝不可能！我的公司只是暂时陷入了困境，相信以我的能力一定能解决这个问题。你们的条件太苛刻，这完全是变相收购我的公司，无异于趁火打劫。”

对方原本以为斯蒂文在面临这种困境时会妥协退让，所以提出了这么苛刻的条件，没想到斯蒂文如此坚决地拒绝了他。但是对方又非常看好斯蒂文的公司，同时也得知还有一家公司正计划帮助斯蒂文，因此决定调整自己的谈判计划，重新拟订了一份新的协议书，修改了前面两项条件。斯蒂文看过后，觉得对方的条件合情合理，这才同对方签订了协议。

其实，很多人在面对斯蒂文这种情况时，很容易妥协退让，毕竟自己处于劣势地位。但是斯蒂文坚决拒绝了对方，果断地向对方说“不”，让对方不得不更改条件，这样就在本身处于劣势的情况下，为自己的公司尽可能地争取了更多的利益。

在谈判时，我们要知道在谈判桌上最忌讳的就是“让”，因为很可能你让一分，对方反而会要求三分，这就意味着你失去的利益会更多。因此，我们也要向斯蒂文学习，在该拒绝时，就要坚决地说“不”，绝不退让。

29.适时地沉默，无声有时比有声更有效

在实际谈判中，有时候需要我们假装沉默，让对方摸不透我们心中所思所想。所谓“言多必失”，真正卓越的谈判者要善于沉默，不管在什么谈判场合，说话都应该有的放矢，不该说的时候一句话也不要说。口齿伶俐，在谈判场合口若悬河、滔滔不绝，这是很多人所向往的场景，但如果自己在不适当的时机口无遮拦，说了错话，说漏了嘴，这也是难以弥补的过失。著名作家大仲说过：“不管一个人说得多好，你要记住，当他说得太多的时候，终究会说出蠢话来。”确实，当你说得太多，关于自己的一些信息就会源源不断地传递给对方，这样我们很容易就被对方看穿了，对此，我们要学会假意沉默，让对手猜不透我们的心理。

沉默是谈判的一种境界，是谈判桌上面对挫折处惊不变的镇定，也是一种无所畏惧的宁静和自信。沉默是可贵的，在谈判中，有时候沉默比所有的语言都更有力量。因为，要想赢得谈判对手的信任，就必须耐得住寂寞，学会在沉默中积蓄能力，在沉默中寻找时机。

新年的时候，柏莎收到了一份特殊的礼物—— 一盆仙人球，是老朋友贝灵送给她的。贝灵说仙人球是一种奇特的植物，既能防电脑辐射，偶尔还能带给人惊喜。

对于仙人球这种普通的植物，柏莎并没有太在意，她将仙人球放在电脑旁，偶尔也观赏一番。不过这个小小的仙人球似乎不争气，柏莎刚开始还对它抱有希望，想着也许有一天能看到仙人球开花呢。可是两年过去了，仙人球还

是一点动静都没有，它长得很慢。渐渐地，柏莎对这个小小的仙人球彻底失望了。因为3年过去了，它仍然只有苹果大小，甚至还出现了未老先衰的征兆。

有一天，柏莎买来一盆色彩鲜艳的植物，替换了不长进的仙人球，把它扔在阳台一个不起眼的角落里。转眼间，又是一年，柏莎几乎忘记了仙人球的存在。一个周末，她在阳台休息的时候，无意中看到阳台的角落里有一抹清纯的白色，走近一看，居然是仙人球开出了一朵喇叭状的花朵，色泽洁白，形状高雅。她立即找来一个花盆，把仙人球放到自己的书桌上。面对这优雅的花朵，柏莎终于明白了贝灵所说的惊喜。整整4年，仙人球用默默无闻的4年换来绚丽的一刻。

仙人球沉默了4年，在漫长的时光里，它用沉默表明了自己姿态：沉默，并不代表永远的平凡。那句“不在沉默中爆发，就在沉默中灭亡”是仙人球最好的写照。在谈判桌上做一个懂得沉默的人，无论在何种境遇，都不要轻易放弃努力，只有耐得住寂寞，才能享受到生命绽放的喜悦。学会在沉默中积累力量，总有一天，你会扫去阴霾，用精彩的绽放赢得谈判对手的喝彩。

在谈判中，有时候我们可以用沉默来说服对方，而且这种说服往往比语言更有效。比如，当谈判双方都已经了解了彼此的需求，而买家也已经清楚了你的报价和你的价格结构，并且对你的产品表现出很大的兴趣，最后，买家可能会故意压低你的价格。比如他会对你说：“其实我们同目前的卖方合作得很愉快，但我还是想跟你们交个朋友。这样吧，如果你们把价格降到每公斤15元，那么我们就要10吨你们的货。”

这时，你千万不要被他的说法吓到，如果他真的和现在的卖方合作愉快，也就没有必要坐下来跟你谈判了。所以，你应该平静地回答他说：“对不起，我想你们还是出个更合适的价钱吧。”然后就把你的嘴巴闭起来，保持沉默。

如果对方直接替你抬价，那当然再好不过。不过，有经验的谈判者会努力让你打破沉默，他会反问道：“那么，我到底应该出多少才合适呢？”这样他就迫使你说出具体的数字。

但是，如果你现在开口你就失去了沉默的力量，你可以继续一言不发地看着对方，同时保持微笑，并点头鼓励对方说出他内心期望的数字。这个时候，对方很可能会对你作出让步。

这就是我们在商场谈判中经常用到的谈判策略，用沉默的力量来摧毁对方的心理防线。你在谈判中冷静地开出自己的价格，然后沉默，在强烈的心理压力之下，对方很可能会表示同意。所以，如果你在没有弄清对方会不会接受你的建议之前就开口表态，这是很愚蠢的，将会让你丧失“沉默的力量”。

Part 6

球场中场能休息，谈判中场改策略

30.中场休息时，用一些家常话拉近彼此的关系

谈判是一个漫长的过程，在谈判进行到关键时刻，谈判人员都会有疲惫的感觉，因此休息是很有必要的。休息不仅对缓解自己疲惫的身心非常重要，而且对双方的合作也有着重大意义。在休息中，我们可以试着和对方闲话家常，缓解双方的疲惫心理，稳定其紧张的情绪，同时还可以拉近彼此的心理距离，为接下来的谈判营造一个和谐的氛围。

很多谈判新手在这个方面做得并不好，在他们看来，谈判双方之间存在利益的冲突，彼此不可能像普通人一样坐下来闲话家常，因此在谈判间歇，他们会选择离开谈判地方，回到自己的休息室或者其他地方，尽量避开对方。而事实上，这样做会使他们失去很多机会。

其实，在谈判桌上，谈判双方很可能为了各自的利益站在彼此的对立面，但是这种对立是相对的，一旦离开谈判的环境，彼此之间的对立也就随之消失。因此，谈判双方完全可以像普通人一样交流，闲话家常，这样做不仅不会损失什么，相反还对谈判大有帮助。因为是闲话，所以彼此之间的戒备会少一些，少了这种戒备，彼此之间的距离会更近，而这种距离也会影响到谈判桌上彼此间的距离。

有一位电子厂的客户代表要与德盛公司洽谈关于产品的销售价格问题。双方在价格方面僵持了很久，仍没有结果。这家电子厂认为他们的产品是拥有专利技术的高新技术产品，因此开出了很高的价格，但是德盛公司认为对方的产品很普通，他们的技术也不是自己研发的，因此没有什么特别之处，所以在

价格方面坚持不肯让步。

在这种僵持中，德盛公司已经失去耐性，不想再与之谈下去。电子厂的代表见状，果断地叫了暂停。

在谈判间歇，他试着和对方的经理闲话家常。他说："最近出国旅游成了热门话题，对这个问题你怎么看？"

当这个问题提出后，对方显然也很感兴趣，立即说："出国旅游是人们追求时尚的象征，也说明人们的生活水平在逐步提高……"

二人就这个话题聊了起来，此时的气氛已经轻松多了。这时，他又注意到经理室中悬挂着几幅装裱精致的书法作品，正好他也喜欢书法，于是便和经理交流："这是谁的书法，写得真不赖，笔法挺拔劲健，真是'静如处子，动如脱兔'，很有北宋米芾的风格啊。"

经理听到对方代表这样说，更加来了闲聊的兴趣："你对书法也有研究吗？我很喜欢宋朝时期的书法作品，比如苏轼、黄庭坚、蔡襄等，尤其是米芾，他的作品是我最喜欢的……"

就这样，这位客户代表与经理谈起了米芾书法中比较特殊的笔法、米芾和苏轼结交的故事等经理感兴趣的事。

二人闲话家常，相谈甚欢，气氛变得异常和谐，竟然忘记了时间。经理与之有种相见恨晚的感觉，于是坚持要这位客户代表留下来吃饭，这位客户代表看时机成熟了，就说："我们公司的产品是融合了高新技术在里面的，因此是绝对可靠的，我们给出的价格也是非常合理的，希望贵公司能认真考虑，相信我们的实力，相信我们的产品。"

经理说："我想你们公司的产品应该不会差到哪里去，不过价格确实不便宜，你知道我们也可以从其他公司买到更低价格的同类产品……"

就这样，双方又一次坐下来谈判，由于闲话家常拉近了两人之间的距离，让彼此互有好感，最后协议在双方各让一步之后达成。

相信通过上面的事例，我们已经看到了闲话家常的重要性。本来剑拔弩张的谈判气氛，因为在休息时的闲谈之语，谈话的氛围会变得轻松起来；通过闲话家常，发现了彼此间的共同爱好，也拉近了彼此的距离。有了这个前提，后来的谈判进行得顺利多了。

因此，作为一名谈判人员，我们也要学会利用谈判的间歇和对方闲话家常，借以拉近和对方的距离，让谈判在一种轻松的氛围下进行，以便取得最后的胜利。

31. 抓住对方心理，懂得以退为进

在谈判的过程中，从利益角度看，谈判双方都努力寻求一种公平公正的协议方式，但在解决一些棘手的利益冲突问题时，如双方就某一个利益问题争执不下，此时，作为代表一方利益的领导者，如果你死守自己的立场，不肯退步的话，那么，你迎来的不是谈判的失败就是僵局。一般来说，领导者参与谈判，都身兼重任，因此，很多时候，他们不太敢用退出来要挟对方，生怕谈崩了弄得鸡飞蛋打。而谈判老手都会"不择手段"地揣摸对方的真实意图，摸清了底牌，就掌握了谈判的主动权，这时再以什么方式取胜，便是技术问题了。暂时离开谈判桌，也就是说，以退要挟达到进的目的，就是常用的一种策略。

巴拿马运河一开始并非美国开凿的。在19世纪末时，法国的一家公司和哥伦比亚签订了一条在巴拿马境内开凿通往太平洋和大西洋运河的合同。该工程的主工程师就是因开凿苏伊士运河而世界闻名的法国人雷赛布。雷赛布觉得苏伊士运河他都可以完成，这个应该也不成问题。但现实很残酷，巴拿马的环境非比寻常，因此工程进度十分缓慢，随着时间的流逝，公司的资金也出现了问题，此时，项目陷入十分窘迫的境地。

美国其实很早以前就想开凿一条贯穿两大洋的运河，只是晚了一步，被法国人捷足先登，与哥伦比亚签订了协议，美国对此懊悔不已。但没想到此时出现了转机。法国公司陷入危机后，公司代理人布里略访问美国时以一亿美元的价格向政府兜售巴拿马运河公司。当美国听到法国公司准备售卖巴拿马运河公司时，欣喜若狂。但美国并没有把这样的姿态展示给法国人看，而是故作高姿态，告诉法国人在尼加拉瓜开凿运河的话，费用也才2亿美元，巴拿马运河售卖虽然只要1亿，但加上另外要支付给法国公司的费用等，总共加起来要2.5亿多美元。这样看来，在尼加拉瓜开凿运河的话，会更划算一些。

布里略看到美国海峡运河委员会给他的这份报告后，大吃一惊。若美国在尼加拉瓜开凿运河的话，那他们这条运河岂非成为“烂尾”，公司不仅一分拿不到，还赔进去1亿多美元。这时，布里略就显得有些着急，告诉美国政府，表示价格可以再商量。双方经过多次协商后，最终以4000万美元的价格达成了协议。就这样，美国少花了6000万美元。

美国总统罗斯福又故伎重施，他指使国会通过一个法案，规定美国如果能在适当时期与哥伦比亚政府达成协议，就选择巴拿马，否则，美国就选择尼加拉瓜开凿运河。

这样一来，哥伦比亚也坐不住了，驻华盛顿大使马上找美国国务卿海约翰协商，签订了一项条约，同意以100万美元的价格长期租给美国运河两岸各宽3公里的“运河区”，美国需每年另付租金10万美元。

罗斯福成功地运用以退为进这一谋略，轻而易举地就获取了巴拿马运河的开凿和使用权。可见，离开谈判桌，交易筹码通常只多不少。我们千万不要画地为牢，误以为只要是谈判，就非得上谈判桌谈不可。其实，离开谈判桌，并不是你不想做成这笔交易，有时候，这反而是成交的有效手段。

谈判过程中，只要我们能抓住对方的心理，懂得退一步，那么，必能置之死地而后生，获得更大的进步。但在使用这一策略的时候，我们需要注意以下几条法则。

当自己处于被动时，需要及时调整

当谈判陷入僵局，就需要退一步，你可以先告诉对方，由于该项目比较重要，拍板权在老板或是董事会手里，“你看，我只是一个小小的部门主管，这问题我哪能做得了主啊！老板给我的权限就到这里了”；有时候可以让老板背下“黑锅”，然后再退一小步，“要不这样，在××问题上，我尽力帮您争取达到……”。多数时候，出现僵局不是因为根本的原则性问题，而是面子问题，你一软下来，给了对方面子，对方也就软下来，再一起吃饭聊天，气氛一缓和，往往也差不多了。

不能急功近利

我们还要掌握谈判的节奏，这个很重要。对于今天不谈下来明天就属于其他人的项目，谈之前一定要清楚自己的底线，如果在底线范围内，可以妥协让步，如果超出了底线，干脆放弃，不要纠缠；而如果项目是你眼中的璞玉、别人眼中的石头，就可以慢慢谈，计算得失优劣。

按照自己的思维说话

谈判中千万不能顺着对方的思路走，一定要有自己的主线，让对方跟着你的思路走。

总之，在发生利益冲突而不能采取其他的方式协调时，聪明恰当地运用让步策略是非常有效的。成功退步的策略和技巧还表现在语言上，需要自己学会巧妙地运用。

32.“曲线救国”，正面久攻不下就要懂得迂回战术

在抗战期间，产生了“曲线救国”一词，指的是采取直接的手段不能解决问题时，只好采取间接的、效果慢一些的策略，借助其他力量，或者从侧面迂回牵制干扰，一点一点地争取胜利，有时候可能还要放弃一部分已经得到的利益，但大方向始终不变。生活中，有时候我们必须直来直去，然而有时候直言不讳却不利于解决问题，我们还非得含蓄些、委婉些，采取“曲线救国”的策略，才能使表达效果更好。

在日常交谈中，经常会遇到一些不便说、不忍提或者场合不允许直说的话题，也会出现尴尬、僵持不下、难以取得进展的局面，这时候需要把“词锋”隐遁，把“棱角”磨圆，或者从另一个角度去思考，或者换个话题缓解一下紧张气氛，或者把注意力从尖锐的矛盾上转移开来。这些方式能使困难的交往变得顺利起来，让对方处在较为舒坦的氛围中接受信息。

那么，“曲线救国”策略该如何应用到谈判中呢？

换个角度，别有洞天

俗话说：“别一条道跑到黑。”这就告诉我们，不能只从一个角度去认识事物，事物越复杂，越需要从不同角度看问题。谈判者如果仅仅围绕自己的观点、立场、成见展开辩论，一般很难获得想要的效果。因此，必须懂得从多种角度分析事物，一来能够保证看问题更全面，二来有利于把握他人的想法。

战国时，郑国弱小，秦晋两大国联军围郑，郑文公派烛之武和秦穆公谈判。烛之武见了秦穆公说：“我虽为郑国大夫，却是为秦国利益而来。”秦穆

公听后冷笑，不予置信。

接着，烛之武剖析：“秦晋联合围郑，郑国已知必亡，然而郑在晋的东方，秦在晋的西面，两国相距千里，中间又隔晋国，如果郑国灭亡，秦能隔着晋国管辖郑国的领土吗？郑只会落于晋人之手！一旦郑国被晋所吞，晋国的力量便超过秦国，晋国强则秦国弱。替别人扩张势力的事情，恐怕不是智者所为。”

秦穆公听后连连点头称是，请烛之武坐下交谈。烛之武继续剖析：“如果蒙大王恩惠，郑得以继续存在，以后若秦在东面有事，郑国将作为‘东道主’负责招待过路的秦国使者和军队，并提供军队补给。”秦穆公听后非常高兴，遂和烛之武签订盟约。

烛之武之所以最终能瓦解秦晋联军，是因为他利用了秦、晋两国势均力敌，互有威胁且互相猜忌的局势。在劝说中，烛之武并没有直接劝说秦穆公与之立盟，而是换个角度进行说服。他先是假言郑已知自己要灭亡了，一个将要灭亡的国家已经不能构成威胁，使秦穆公放松警惕且造成错觉，以为烛之武真是“为秦国的利益而来”；然后逐层剖析秦晋联军对秦的利益影响，表面上是为秦国考虑，实则为郑国解燃眉之急。

换个角度说服他人，就是从侧面入手，在一些共同的立场上交流，自然而然地营造一种和谐的气氛，进而借机转入正题，展开劝导。

换个话题，换个好心情

谈话中，对方不愿敞开心扉很可能是由于对话题不感兴趣。不论多么健谈的人，面对自己不关心的话题，一般也会默不作声。说服者想要使他人开口，就要试着在谈话进行不下去的时候，寻找他人的兴趣点。无论谁都会有一些感兴趣的话题，可能是电影、汽车、股票、政治、八卦新闻等，只要把它们找出来，对方就会立刻改变沉默的态度。因此，与其耐着性子勉强聊不感兴趣的话题，不如快速转到令他人眼睛一亮的话题上。

如果感到话题无聊或者无法进展下去，那么就迅速转移话题。谈话并不是在比较谁的耐性强，而且在无聊的话题上不知疲倦地扯来扯去，是一种失利的表现。

若你遇到以下5种情况，就要毫不迟疑地转移话题。

☆谈话中出现冷场。

★对方目光转移，不再和自己对视。

☆对方不再点头表示认同。

★对方频繁地看手表。

☆对方的身体不停地抖动或晃动。

瞬间转移注意力

缺少变化的语言会使场面显得呆板而沉闷，而你所说的一切也将变得枯燥乏味和苍白无力，因此你也不会受到客户的青睐。如果你有很多建议，就应选择富于变化的语言来表述，因为变化能为你的语言更为有趣。

人们在一定的语意流中所能捕捉到的信息量是有限的，这就意味着，即使他人有时间听你讲话，他也不可能把你的话完全吸收。有关研究表明，听众的持续注意力只有30秒。例如有人在注视一盏灯，不出30秒，他的注意力就会转移到其他地方。这时候，只有这盏灯闪烁、跳动或发出声音，才可能重新引起他的注意。但是灯在没有任何变化的情况下，它就无法继续吸引他人的关注。

这种规律被广泛运用于广播和电视广告当中，很多广告的播出时间会限制在30秒以内，这就是“瞬间注意力原理”的应用。

因此，说服者应该懂得让自己的语言富于变化，因为变化能够打破沉闷和呆板的印象，使语言增加趣味，更容易引起倾听者的注意。

以退为进

“忍一时风平浪静，退一步海阔天空。”能屈能伸才是真正的君子气度与明智。用暂时的忍耐和表面的退让换来自己想要达到的结果，这就是以退为进的真谛。

在说服过程中，以退为进就是让说服对象感觉到你是顺着他的要求、站在他的角度进行“妥协”，甚至觉得是他在说服你。但实际上，你的目标只有一个，就是双方达成一致。

在使用以退为进的说服方法时，需要掌握两项基本原则：一是全局可控原则。就是不要退到自己无法控制局面的程度，“退”只是形式上的，不是放弃自己的立场。二是真实坦率原则。表面上的退让不能转向背地里的攻击、陷害，说服者必须以真诚的态度获取对方的信任，让对方放松警惕与防备，这样方可做到成功地说服。

采取“曲线救国”策略说服他人时，路径与目标看似相悖，但绕远有时候也是通往罗马的思维捷径。

33.用数据说话，让对手无力反驳

当与人辩论时，想要使对方心服口服，一般都要通过讲道理让对方无力辩驳。不过，如果你面对的是一个很强的辩手，或者你的语言驾驭能力有限，通过讲道理说服对方恐怕就不占优势。这时候，引经据典的策略便可以大显身手了。

有了事实根据为自己撑腰，会立刻让对方百口莫辩。要注意，所引用的别人的话、调查研究数据、真实发生的案例，最好是众所周知的，只有被人们普遍承认的事物才能被人认同。

俗话说得好："事实证明一切。"不论多么伶牙俐齿的人都不得不向现实低头，关键时刻亮出"事实"这张毋庸置疑的王牌，可让对方一方面无力继续坚持自己的意见，另一方面也会从心里承认你的能力。

假如你是售楼处的一名职员，有人问你此处楼盘距离公交车站有多远，一般人的回答是"大约两千米吧"，而你的回答是"1.85千米"，由此一来，对方就会认为你所说的千真万确，对你的信任感也会加强，甚至会产生"距离一定不会太远"的感觉。而"大约两千米"的回答会让人产生一种隐瞒真相之感，使他人对你及你所说的话产生怀疑。

这里，有一种很有说服力的摆事实的方式——用数据说话。

很多时候，"我认为""我的建议是"等类似的话语一出，人们就开始从你的观点中搜寻漏洞，准备进行反驳。无论你使用多么温和的口吻，都会给人一种强加于人的感觉。与其主张自己的意见，不如借助数据来说话。你不妨以"根据××研究所的数据"作为开头，告诉别人你是一个热情的信息传递者，并没想要操控或强迫对方。这样对方就会欣然接受你提供的信息，并且按照信息所指的方向展开进一步的思考。

心理学家麦克洛斯基在对21项有关说服的实验进行仔细调查后，确认了“在有数据和事实的情况下更容易顺利说服别人”这一结论。根据麦克洛斯基的观点，如果你已经掌握了如下数据，只要你出示它们就能轻松说服对方。

☆出人意料的珍贵数据。

★值得信赖的数据。

☆从很多人手中收集到的数据。

★专业性的数据。

☆多重数据的组合。

数据对人具有不容争辩的压力，哪怕根本不愿意服从你的人，面对数据也无力反驳。利用数据说话还有一个明显的好处，就是借助数据表明个人想法，即便对方有意见，也没有理由把反对的苗头指向你本人，因此避免了与人发生正面冲突。

的确，只要有事实做支撑，不用作过多的解释，再顽固的人也只能接受你的观点。有趣的是，这里重要的是要“有事实”，而“事实的真假”有时候并不重要。简单地说，只要让你所说的话“看上去像是事实”就可以达到目的了，而不必一定就是真实的。

例如，如果你想要强调一种线非常细，告诉对方这线直径只有20微米，真实性顿时就体现出来了。即便线的真实直径是23微米，也没有多大的妨碍。看起来像是事实，说服力就会获得提高。

与此同时，说服者必须引起重视的是，虽然事实并非绝对真实，但我们也不能毫无边际地大说特说，而忘记了最具说服力的永远都是事实本身。实际上，很多时候，只要把与问题相关的事物讲清楚、将透彻，说服他人也就水到渠成了。

1,8%
2,0%
7,0%
4,7%
5,3%
6,4%

Part 7

下半场的交锋，适度把握攻防技巧

34.找出对方软肋，有效占据主动

培根在《论谈判》一文中曾经说过这样一句话：“想要和别人谈判，就必须先了解对方的个性和目的，想要得到你理想的谈判结果，就要顺着对方的毛摸。但是，能在谈判的过程中发现对方的弱点，并有效威胁或利用对方的弱点来达到自己的目的，才是最佳的谈判法则。”这段话无疑道出了谈判的精髓——想要在谈判中获胜，我们有两种选择，要么顺从对方，要么威胁对方。而培根显然更支持后者，但是这样做的前提是找到对方的软肋在哪里。只有找到对方的弱点，才能有效占据主动。

在文艺复兴时期，一个画家是否能被众人所知，很大程度上取决于他是否有一个好的赞助人。

米开朗琪罗的赞助人是当时的教皇朱里二世。但是有一次，两人因为一件事情闹翻了。原来两个人在建造大理石碑时，意见产生了分歧，双方协商了好几次，都没能达成统一的意见，每次都不欢而散。最后米开朗琪罗完全没有耐心了，他知道这样争执下去不仅浪费时间，还会使双方的关系闹得更僵，因此，一定要找到一个合适的办法解决。他终于想到了一个好办法。

第二天，当他再一次和教皇讨论没有结果时，他叹了口气，对教皇说：“既然我们很难达成共识，您还是另请高明吧！我决定明天离开罗马。”

周围的人听了，都忍不住为米开朗琪罗捏一把汗，心想：米开朗琪罗怎么敢说出这么大逆不道的话冒犯教皇，看来他已经破罐子破摔，执意要让谈判破裂了。教皇一定不能容忍这样的行为，肯定饶不了他。

结果却出人意料，教皇不仅没有生气，反而一改以往的嚣张气焰，低声下气地对米开朗琪罗说："只要你能留下来，以后一切都会顺你的意。"

米开朗琪罗十分清楚，自己要找到另一个赞助人并不难，但是对教皇来说，米开朗琪罗只有一个，永远找不到第二个。这就是教皇的软肋所在。因此，在谈判中，他抓住对方的这个弱点，虽然说"既然我们很难达成共识，您还是另请高明吧！我决定明天离开罗马"，口出无奈退让之言，实际上是在威胁对方，迫使对方同意自己提出的意见。

在商务谈判中，我们也应该向米开朗琪罗学习，一旦找到对方的软肋，就集中火力用语言进行攻击，威胁或强迫对方答应我们的要求。

如果谈判的对手在各方面的优势都明显大于我们，同时，他们也打算利用自己的优势来与我们周旋，那么唯一的可行之计就是找到突破口，突出重围。也就是说，找出对方的软肋予以攻击，以此逼迫对方撤回自己在谈判中的攻势。

孙刚曾经代表一家建筑公司与一家美国汽车零件制造商谈判。在这次谈判之前，两家公司曾经是非常好的合作伙伴，建筑公司帮助制造公司进行了工厂的建设。但是，在支付费用时，零件制造公司以却一直拖欠工程费用。其实，建筑公司也知道自己完成的质量并不是特别好，于是提出折中条件，希望对方减额支付。

开始谈判时正是这个工程接近尾声的时候，零件制造公司提出的条件是加快完工，然后才会考虑支付费用。面对这种局面，建筑公司不知所措，因为对手非常强硬，而建筑公司完全处于被动地位。

"现在唯一的办法就是马上停工！"孙刚向建筑公司提出了自己的建议，并告诉他们，这样反而有可能取得谈判的最终胜利。最终建筑公司决定试试孙刚的建议，结果却引来了零件制造公司的继续施压：他们下了最后通牒，若在指定日期前不开工的话，将不会支付任何工程费用。建筑公司开始担心故意停工会引起对方的强烈不满，届时可能要承担巨额的赔偿责任。但是，孙刚劝说他们继续坚持下去。因为据孙刚的情报掌握，这家建筑公司是当地唯一一家能够承接这种建筑工程的公司，而制造公司又急等厂房投入使用。所以，“停工”这张鱼死网破的“王牌”一定可以奏效。

果然不久之后，一向强硬的零件制造公司一下子慌了。如果他们不能尽早投入汽车零件的生产，就会违反自己与别人订下的生产合同。最终，零件公司全额支付了工程费用。

当然，用鱼死网破的方法来进行防守要有十足的把握，必须是我们已经掌握了对方这张网的薄弱环节，在使尽全力的情况下一定能冲破对方的渔网。而一旦失败，只会造成自己的被动与尴尬，所以在使用的时候一定要慎之又慎。

谈判可不是显风度的时候，这是与你自己，甚至是你所隶属的大团体利益息息相关的时刻。此时，千万不要不好意思口出威胁之言，要知道，对方如果知道了你的死穴，一定不会留情。谈判场本就是战场、争斗场，想尽办法为己方赢得利益，达到己方目的，才是一位优秀的谈判人员应该做的。

35. 请个高手助阵，你的谈判更具有说服力

在谈判中要说服对方，有时候靠自己一个人的力量很难做到。如果这个时候，我们身边有一个人，在相关方面具有一定的权威，让他来帮我们一起谈判，那么就比较容易说服对方。

麦哲伦想完成一个环球航海计划，可是自己没有足够的经济力量，为了实现环球航行的梦想，他需要去求助西班牙国王，力图说服他帮助自己。

可是要知道，在那个时候，由于哥伦布的航海出名之后，很多游手好闲的人都借口去做远行航海，到处骗取皇家贵族的钱财，以至于绝大多数人都对航海的人抱着怀疑的态度，不愿意再去资助别人航海。

麦哲伦这个时候没有什么名气，知道就凭自己的身份，无论怎么说，都很难说服国王，于是他请了一位著名的地理学家同自己一起去面见国王。

这位名叫帕雷伊洛的地理学家，给国王讲了麦哲伦环球航海的必要性，而且还说出了航海的种种好处，其中巧妙地穿插了各种各样的地理知识。虽然国王似信非信，但是由于帕雷伊洛久负盛名，是人们公认的地理学界的权威，最终，国王心悦诚服地支持了麦哲伦的航海计划，给予了大量的经济支持。

最后，麦哲伦终于完成了环球一周的航行，证明了地球是圆的，改变了人们以前“天圆地方”的看法。

实际上，在麦哲伦结束环球航行之后，人们发现这个地理学家对地理的很多认识是不全面的，有的甚至完全就是错误的。但是，由于帕雷伊洛这个地理学家在人们心中早已形成了一种权威，人们相信他这个权威的话，才最终相信了麦哲伦，从而促成了这一举世闻名的环球航行。

在现实生活中，人都有这样一种心理：当你在某方面认识得比较深刻时，就想让全世界都知道。但即使在某方面你能证明你确实是权威，还是可能遇到尴尬：别人会认为你不过是在自卖自夸。这样势必会导致人们讨厌你，对你的建议置之不理。此时我们为什么不向狐假虎威故事中的狐狸学习呢？为什么不借他人之口（不包含自己的亲属，如爸爸、妈妈）为自己做广告，说服他人相信自己呢？

在社会活动中，我们完全可以借助别人的力量来发展壮大自己，当你自己还是一只“狐狸”的时候，要想说服别人对你刮目相看，你先得找一只“威猛的老虎”。现实中的狐狸永远都无法变成老虎，而你却可以借助“老虎”的力量成长为一个真正的强者。

这一说服方法很多人都表示赞同，他们采用之后也取得了很好的效果。一家著名外资企业欲招聘高层管理人员，丰厚的薪水、优越的待遇吸引了众多人士前来应聘，其中不乏博士、硕士，也有原本就是外企员工的。但令大家意想不到的是，最后胜出的却是一位只有大专学历、没有外企工作经历的“无名小卒”。在谈到以何制胜时，这位先生道出了他的“法宝”：“同行中的资深人士××，在我的简历上写了一句推荐我的话。”

正如一位商业咨询专家所说：“获得成功之前，我发表的还是现在发表的那些演说，但是没人愿意听我的，他们甚至嘲笑我的一些极富远见的观点。现在他们听我的演讲了，那些过去完全不理会我讲话的人现在总是赞同我的观点。”可见，有时决定一个人身份和地位的并不是他的才能和价值，而是他背后隐藏的资源。

也许你心里还有些顾虑：人们在弄清真相后，会不会对你产生偏见呢？这点你大可不必担心，因为几乎没有人会用情境归因（如利益上的交往）来解释他人的行为。心理学家称这种判断偏见为基本归因误差。

基本归因误差也被称作基本归因偏差或基本归因错误，指的是即使非常强大的环境力量在起作用时，人们仍然表现出以行为个体的特征来解释人类行为的倾向，即这种只重视性格因素而忽视情境因素而造成的对行为解释的偏颇倾向。例如，当销售代表的业绩不佳时，销售经理倾向于将其归因于下属的懒惰而不是客观条件的影响。

斯坦福大学商学院组织行为学教授杰弗里·菲佛与对此进行了研究，认为人们用基本归因误差看待他人的行为确实存在，这正说明了通过第三方来肯定你的能力，对大众具有说服力。

在实验中，杰弗里·菲佛要求参加实验的人假设自己是一位编辑，正审核某位知名作家的作品。杰弗里·菲佛要求他们读部分文章前言，其中一组参与者读的是由第三方转述的作家生平成就，另一组参与者读的则是作家自己的描述。杰弗里·菲佛研究发现，前一组比后一组参与者更加喜欢该作家。这也证实了基本归因误差确实存在。

可见，让合适的第三方为你做广告，对说服他人很有帮助。

有一家地产公司就是用这种方法说服顾客的。这家地产公司的业务部门分为两部分：房屋销售部和租赁部。在2012年之前，他们的业绩平平，然而在做了一点小的改动后，他们的业绩一下子提升了50%。这个小小的变动是什么呢？

2012年之前，当某位客户的电话打进该地产公司时，接线生都是这样说："哦，您是找租赁部，请您稍等，我马上把电话转给吕兰兰。"或者说："哦！您是找销售部，请您稍等，我马上把电话转给王晶晶。"

做了改动之后，接线生为顾客转接电话时加上了负责人的资质说明："哦，您是找租赁部，那您应该找吕兰兰小姐，她对这附近的租赁业务十分精通，已有10年的经验了。我马上为您转接。”或者说：“哦，您是找销售部，我会为您转接王晶晶小姐，她是部门经理，在这行已经工作了8年。”

接线生说话的转变有以下特点：第一，情况属实。吕兰兰确实从事租赁业务10年了，王晶晶也确实有8年的销售经验。但如果这些话出自吕兰兰和王晶晶之口，顾客很可能会认为她们在吹嘘，因此可信度大打折扣。第二，接线生与吕兰兰或王晶晶之间的关系如何，是不是从中受益，顾客不会考虑。第三，50%的业绩提高就是这种说服力的证明。第四，这只是一个小小的改变，说服成本为零，不用花钱让接线生去做专门的训练，也不需要接线生有高深的知识。

当然，需要注意的是，运用狐假虎威定律的时候，不能有任何邪恶之心，否则，只能引火烧身，最终败坏自己的名声。

36.最后通牒，压倒对手的最后一根稻草

当我们站在三分线外面投篮时，往往会瞄准一会儿然后再出手。可是，如果我们改变一下规则，把投篮的时间限定在5分钟之内，不限制次数，那么每个人都会手忙脚乱地把球扔出去，根本没时间顾及自己是否偏离了原来的方向。

在谈判中，我们也可以采用同样的策略，给对方限定一个时间，用“最后通牒”的方式，迫使对方同意我们提出的条件。

有一次，赵先生陪同一位朋友去买汽车。在宽敞的汽车展示厅内，赵先生的朋友看中了一辆黑色的奔驰。当时这辆车的标价是50万元，这个价位有点超出了朋友的预算。

这时，销售人员上前说道：“你好，我是这里的经理，先了解一下吧，这款车最近卖得非常好。”接着，赵先生和他的朋友了解了很多关于这辆车的数据，又亲自坐到车里去体验了一会儿。最后，赵先生的朋友对销售人员说：“我对这辆车非常满意，但是在价格方面有点高了，你看45万怎么样？”

这时，销售人员露出了为难的表情，他很诚恳地说：“实在抱歉，您给的价钱实在是太低了，我最低可以给您优惠到48万。”

赵先生的朋友想了想，然后回答说：“这样吧，46万。今天下午我有事要出国一周，下午两点的飞机，如果你觉得合适，我们现在就成交。”

经过之前的沟通，这位销售人员已经不愿意放弃这位顾客了，最终赵先生的朋友以46万的价格买到了自己心爱的汽车。

一般来说，人们对于一个不需要马上完成的任务，总是习惯于等到最后期限到来才去完成它，能拖就拖。但是在不能拖的情况下，例如在规定的时间内或者条件不允许的情况下，人们则能够迅速地完成任务。

在谈判时，有的人也喜欢用拖延战术，如果没有什么压力，他就会将谈判无限期地拖延下去。这时，如果对其进行最后通牒——“希望你们在今天之内能够做出决定，不然我们只能终止谈判，另寻合作伙伴了”，给出一个最后期限，并要求谈判必须在这个期限内得到结果，这样说容易让对方快速地作出决定，甚至是作出妥协和让步。

如果你能够善用最后通牒效应——谈判的期限策略，给对方设置时间压力，往往就能获得更多的主动权。一般来说，如果对方不断地拖延时间，想要在这个过程中拖垮你的意志，让你慢慢妥协的话，你的态度就要强硬一些，最好告诉对方“我的时间有限，如果在最后的期限内，还没有就这个问题达成一致的话，就只能说声抱歉了”，给对方下一个最后通牒。

如果对方诚心和我们合作，为了挽回我们，在不损害对方利益的前提下，对方往往会尽量满足我们的要求。

一次，美国的代表被派到日本，与日方就出口货物的问题进行商谈。当美国代表到达日本时，日本的谈判代表很热情地接待了他们，用一辆很豪华的车子载着他们离开了机场，并且给他们安排好了酒店。对日本人做的这一切，美国人非常感动。

在车上，双方闲聊时，日本代表说：“请你们放心，我们在谈判期间会给你们最好的招待，如果你们有什么需要，尽管开口，我们会尽力满足你们。希望我们在这次谈判中能有一次愉快的合作。”

美国人表示非常感谢，说：“来到日本真是我莫大的荣幸。多谢你们的盛情款待，我们真的非常开心。”

将美国人安排好后，日本人没有立即着手进行谈判，而是用一个星期的时间带美国人参观日本的名胜古迹，了解日本的文化，同时还在晚上安排了长达4个小时的宴会。当美国人问起谈判的时间时，日本人总是说：“不着急，有的是时间嘛！”

在美国人不停地催促下，双方才开始谈判，日本人在谈判桌上不停地和美国人闲聊，故意拖延时间，想在这个过程中为自己争取更多的利益，并且谈判在日本境内举行，所以他们想把时间无限期地延长，想要在美国代表回国之前再谈判，趁着仓促之机获利。

10天过去了，谈判刚进行到双方提出各自的条件。美方代表刚想进行下一步的协商，日方代表却说：“从今天下午开始，接下来两天都是我国的国民庆典活动，非常有意思。只要是我国的国民都会参加，你们也一起去吧！”

讲求自由的美国人实在无法拒绝这样的请求，在他们看来拒绝就是不尊重对方的民俗。然而，双方还有许多问题要商议，时间有限，他们的心里开始着急了。

2天后，双方重新回到了谈判桌上。见日方代表仍是一副不紧不慢的样子，美方代表忽然明白了，意识到这是对方为了获得更多利益的策略。为了打破对方的图谋，重新获得主动权，美方代表对日方代表发出了最后通牒：“我们来贵国已经10多天了，在这段时间内，多谢贵国的热情招待，但我们不是来贵国旅游的，我们是来谈判的，我们的时间非常有限！我们不知道贵国人是不是都喜欢这样的慢节奏，但我们已经无法忍受了。如果在我们回国之前，没有妥善协商完所有事宜，即使回国后受到董事会的批评，我们也不会签订协议。我们将如实汇报本次谈判的一切情况。”

听完美方代表下的最后通牒，语气如此强硬、不容商量，日方代表意识到他们的图谋破灭了，只得加快了谈判步伐。

在上述事例中，美方代表正是由于使用了最后通牒这一语言策略，才打破了对方的图谋，从劣势转为优势。谈判中，当谈判进程被对方拖延时，我们不妨也对对方下最后通牒。

最后通牒这一语言策略不仅能够促进谈判的进程，而且能够有效地威慑对方，让对方在压力之下作出让步。比如，当对方坚持不肯做出合理的让步时，就可以对对方进行最后通牒，你可以说："我认为我方的要求是合理的，也是必需的，贵方这样拖延着不肯给出答复，实在让人觉得没有诚意。如果明天贵方还不能给出一个明确的答复，我们只能遗憾地终止谈判，另寻合作者，毕竟时间就是金钱。"

为了让最后通牒产生的效用更佳，在说出最后通牒的时候，语气要坚定，语调要淡定。

值得注意的是，最后通牒只适宜在占优势的情况下使用。倘若你是弱势的一方，却使用了最后通牒这一语言策略，那么，不仅无法给对方造成压力，而且有可能触怒对方，使谈判破裂。

37. 乘胜而动，不给对方思考的间隙

在谈判中，体现谈判者谈判能力的就是其语言水平。然而，真正的谈判往往不是在和平的语言环境下进行的，甚至可以说，双方为了掌握谈判主动权，多半会唇枪舌剑。因此，出于利益的对立，当你提出自己的看法和观点，对方多半会采取否决的态度。面对这种情况，聪明的谈判者往往会借力打力，掉转势头，并乘胜而动，赢取胜利。

纵观古今中外，几乎所有的战争都是在两条战线上进行的，一条是血与火场上的拼杀；另一条则是心理战场上的较量。心理战可以说是“战争之外的争，战争之上的战争”。将错就错、让对方自乱阵脚这一攻心术在中国的战争中表现得尤为明显。任何一位高明的谈判者都知道在对方处于心理弱势时乘胜而动，一举获得胜利。

在谈判的过程中，若能乘胜追击、句句紧逼，不仅不会给对方留下思考的时间和空间，而且能让对方难以发现我们论证过程中存在的缺陷和不足，从而无力驳倒我们的观点。更重要的是，句句紧逼能够削弱对方的自信心和底气，从而占据绝对优势，可以牵着对方的鼻子走，而不会被对方牵着鼻子走。总的来说，句句紧逼是一种非常有效的谈判手段，是取得谈判成功的一种好方法。

那么，怎样做到句句紧逼呢？抓住对方不经意间暴露的弱点，找到一个突破口，长驱直入，一句接着一句地说，让对方防不胜防，一步步后，不给对方一点儿回旋的余地。

北宋宋徽宗时期，高俅当权，天下民不聊生，许多忠良义士被逼落草。

为了反抗这种腐朽的统治，惩治贪官污吏，这些勇士用各种手段召集天下英雄豪杰共创伟业。但是自古以来，“效忠朝廷，报效国家”的观念已经深入人心，因此，尽管官府已经腐败不堪，大多数官场人士还是不愿意背弃它。

一个叫作沈青的人便是其中之一。他出身官宦世家，从小就被灌输这种思想，但他善于带兵打仗，在军事部署上几乎无人能及。正因为这样，山上的义士们想邀他加盟，然而怎样说服这样一个思想固执的人呢？众人都犯难了。

这时，山上的一位军师站出来说：“各位放心，我有办法说服他。”于是，军师便去和沈青谈判。

军师开门见山地说：“我们头领很看重将军的才华，希望你能跟我们上山，共创伟业！”

沈青当然义正词严地说：“我乃忠良之士，怎么能背叛朝廷，与你们一同落草呢？你还是趁早打消这种念头吧！”

军师并没有放弃，他说：“你这种‘忠’完全是愚忠，你没有看到朝廷利用各种理由搜刮百姓吗？”

在谈到这个问题时，沈青的表情有了变化，甚至有些愤怒的神色。

军师知道这件事情引起了沈青的关注，于是利用这一点开始句句紧逼，他说：“老百姓现在处在水深火热中，如果没有人站出来为他们做主，他们何以生活？你于心何忍？”

沈青说：“我可以上奏朝廷，请求皇上体察民情，为民做主。”

军师说：“你的奏折能到达皇上手中吗？高俅会让你的奏折出现在皇上面前吗？就是送到了皇上手中，皇上会杀了高俅为民做主吗？恕我直言，沈将军的这种想法未免有些天真！如果这样做有用，天下百姓何至于此？”

青的脸色变得有些难看。

军师没有给他缓和的时间，继续说道：“所以，只有我们团结起来，除掉高俅，才能真正地为民请命，还老百姓一份安定的生活。”

沈青没有说话。

军师进一步逼迫他：“你知道你的父亲为什么突然离世吗？你知道你为什么一直都只能在这个小地方当一个七品官员吗？我想原因你知道，只是你不愿意承认罢了，这一切的一切都是高俅在背后操纵。以你现在的身份地位，父仇怎么报？如何去拯救百姓？难道愚忠比父仇、比天下百姓更重要？”

……

就这样，在军师的句句紧逼下，谈判以军师胜利告终。沈青跟随军师上了山。

事例中的军师之所以能获得谈判的胜利，原因就在于他善于抓住沈青的弱点——关心百姓的疾苦，并针对这一点句句紧逼，每一句都比前一句逼得更紧，让沈清根本来不及想也想不到辩驳的理由。

虽然这个事例与商务谈判无关，但是在商务谈判中，我们同样可以使用这种策略。在谈判时，我们也应该向事例中的军师学习，用言语句句紧逼，给对方造成心理上的、思考时间上的压力，进而一举成功。

38.释放紧迫压力，让对手在最后时刻无路可退

在有些谈判中，对方已经有了成交的意向，但是这种意向还不强，这时候要想促成交易，你就要通过各种方法，给对方制造一种急切的紧迫感，让他觉得如果现在不成交的话，将会吃大亏。而贪便宜是一些人的天性，这时候他们往往就会立即同意成交。

在海南三亚有一幢高档住宅小区里，整个小区只有10套房子，而且房价贵得惊人，虽然有很多人对它感兴趣，但是都被居高不下的价格给吓退了。

有一天，一位老板听说这里房子不错，于是就想去打听一下。他来到售楼处时，对这个住宅区赞叹不已。聪明的推销员马上迎上前去说："先生真是有眼光，这种海景房是我们公司所有小区中最豪华的一个，它们是世界上最优秀的设计师设计的，我敢肯定地说，在整个三亚，您再也找不到这样将风景和设计完美结合的海景房了，住在里面绝对是无与伦比的至尊享受。您自己看看，我们小区像这样的房子一共也只有10套而已，而且现在已经所剩不多了。我刚刚听到另一个工作人员在电话里跟别人约好了下午来看房子。我知道您也很想买，所以我建议您立刻做出决定，否则很可能就没有机会了。"

尽管这位老板觉得有些贵，但还是由于生怕失去最后的机会，当时就交下了10万元的定金。

这就是这个推销员给这位老板造成的一种紧迫感。

这里的推销员采用"最后机会"的说话技巧，让老板紧张起来，使他为了争取到最后的机会，主动地交了定金。这就是谈判中制造紧迫感的好处，可

以让对方在压力之下马上做出成交的选择。

毋庸置疑，谈判中，最重要的莫过于取得谈判的主动权，而要做到这一点，你就需要掌握对手的心理。通常情况下，人们在没有心理退路的情况下，都会退而求其次，接受他人的建议。古语“不到黄河心不死”就是这个意思。从这一点看，我们在与对手交涉的过程中，就可以虚张声势，到关键时刻再说话，巧用最后时机，适时把话说绝，让对手无路可退。

一个周五的下午，某部门主管代表公司与另一家公司的同级领导在酒店里讨论合作事宜，但是讨论了很久，都未能得出一个好的解决方案。这样讨论下去，只会耗费更多的时间，眼看就要到下班的时间了，这位主管发话了：“今天大家的兴致都特别高，非常好，不过仍然没有一个比较满意的方案，要不这样吧，反正今天是周末，我们加班讨论，如果还是决定不了，星期六再接着讨论！各位觉得如何？”全场哗然。结果，还没到晚上9点，新的方案就出来了。

为什么会出现这样的结果？因为忙碌了一周的他们都在期待着周末，没有谁希望自己的周末耗在无聊的办公室里，因此，他们只想快点结束会议。而在谈判过程中，己方则需要反过来处理，一定要撑到最后一秒钟。能在谈判中取胜的人往往就是能够顶住“最后期限”这个巨大压力的人。

两方交涉，当最后期限临近时，彼此在内心都会与自己进行一番较量，离最后期限越近，压力也就越大，一旦屈服于这种压力，就只能被别人牵着鼻子走。很多时候，在谈判结束前某一方会出现一些大的让步就是这个原因。

人们在最后期限的面前效率总是会更高，而制定最后期限就是一种损失约束手段，通过拟定最后期限让责任承担人了解到如果不按期完成将会有更大的损失，而人类趋利避害的本性就会驱使他们及时完成任务以保护自己。

在商务谈判中可以使用最后期限这一“非常规做法”。之所以称其为

“非常规做法”，因为它是一种在特定的环境中不得已而为之的策略。最后期限不但针对对方，同时也给己方套上了枷锁，双方在其中都没有回旋的余地，所以很容易造成双方的尖锐对抗，导致谈判破裂。所以，对于这一策略，我们一定要在考虑成熟的情况下才能使用，否则后果将不可收拾。最后期限若使用成功，能有效地逼迫对方让步，使己方获取巨大的利益；但若使用失败，不仅与对方的关系会恶化，己方也可能丧失了宝贵的谈判机会。因此，最后期限是一把双刃剑，使用时要慎之又慎。

巧妙利用时限

在谈判过程中并不是可以随处使用“时限”，大部分都会在最后紧要关头巧妙利用，迫使对方做出让步。另外，当你提出了时限的要求时，就要坚持撑到最后一秒，切勿轻易改变决定。

对方欺软怕硬，你应寸步不让

欺软怕硬是人们一种常见的心理，如果对方表现得十分强硬，而且不讲理，你也不必一味地退让，反而应该寸步不让，毫不犹豫地展现出自己的原则，大多情况下，到最后对方都会软下来。

39. 谈判结束后，让对手感觉是他赢了

当谈判接近尾声时，你一定要给对方他赢得了这场谈判的感觉。当然，这并不是指一味地给对方好处，而是要让对方感觉自己赢得了这场谈判。这种感觉不是你在签订协议的时候再给对方增加一些折扣，而是你可以给对方一些赞赏和超出你承诺的东西。你可以提供一些附加的服务，你可以提供一些本不需要提供的关心，这个时候你会发现，你的这些服务给你带来了意外的收获。

萧然是一家中国服装企业的谈判员，公司派她去和一位美国的设计师进行谈判。谈判一开始，萧然就了解到这个美国设计师杰克喜欢喝中国的碧螺春、喜欢中国的旗袍，于是她特意换上了旗袍，带着碧螺春来谈判。谈判刚刚开始的时候，桌边就洋溢着浓厚的中国特色，穿着中国旗袍的中国女性，同时空气中散发着清香的碧螺春气息，设计师杰克完全沉浸在美妙的情景之中，谈判的过程一直进行得很顺利。最后要确定服装的外观设计时，杰克主动向萧然要了一本中国旗袍样式的图书，同时表示愿意多送萧然几件自己设计的西方服装，萧然很快地就答应了谈判。杰克看着眼前身着旗袍的中国美女，口中喝着喜欢的碧螺春，他觉得自己赢得了谈判，此次的谈判令他感到很满意。

人们在各类贸易、合作、联合以及各种经济纠纷中进行谈判，其目的是改变相互间的关系并交换观点，以期达成协作。谈判是一个较为复杂的过程，既要确定各自的权利与利益，又要考虑他方的实际利益。因此，交易谈判犹如对弈，在方寸之间厮杀，但又要共同联手合作，这是既矛盾又统一的，既是个体又是整体的利益所在。

真正的谈判高手总是会让对方感觉他赢得了谈判，而拙劣的谈判者只会让对方觉得他赔了。与拙劣的谈判者合作的客户，第二天早晨他们醒来的时候会想："现在我知道那个搞销售的对我做了什么，别让我再碰上他。"而与谈判高手合作的客户会感觉他们同你一起度过了一段非常愉快的谈判时光，他们迫不及待地想再次见到你。

谈判的最理想状态就是让谈判双方感觉，自己都赢得了这场谈判，尤其是真正的赢家，更应该运用这一谈判策略使对方感觉他才是赢家。

比如，你和一位客户进行谈判，在谈判进行的过程中，对方不知满足，不断索取而毫不付出，那么这场谈判只能出现两种结果：其一是谈判将在无法继续的僵局中结束；后一种则是一方获利而另一方因损失过大被迫终止交易。

所以，想要使谈判获得理想的结果，就应该端正心态，抱着如果自己的利益得到了满足，也应该适当给对方一些让步的良好态度，而不是把对方看作仇人。找到最好的方法去满足双方的需要，并且要解决双方责任和任务的分配，如成本、风险和利润的分配等问题，这才是谈判的最终目的。

胜达科技有限公司需要为公司的员工购置一批电脑，公司的采购经理联系了一家名为长远电脑有限公司的供应商，双方就此次交易进行了谈判。

胜达公司希望以市场最低团购价格购买这批电脑，同时对这个长期供货的客户也有所顾忌，担心影响到日后的合作关系。长远电脑公司当然期望利润最大化，但又不愿失去一个可靠而又诚信的长期合作商。

谈判一开始，胜达公司就提出了最低团购价的要求，但是被长远电脑公司拒绝了。经过一段时间的协商，双方达成了基本一致的意见，胜达公司把报价提高，而长远公司在对方作出让步的基础上提供给胜达更多其他的服务。

其实，在谈判进行的过程中，长远公司并没有作出提供其他服务的让步，但是，即使长远公司作出这样的让步，也不会影响到公司的利润。所以，直到谈判进行到一个僵持阶段的时候，长远公司终于以关键时刻的一次让步赢得了这次谈判。

成功的谈判应该是谈判完成后，不仅双方各有所得，同时也不会影响到下一次的合作。当一方不得不在价格上作出让步时，另外一方就可以在其他方面提供一些补偿。谈判双方立场不同，对利益的价值评估也不会完全相同，或许供货价格是长远电脑公司本次谈判的最重要因素，而胜达公司更看重的则是电脑的售后服务，通过谈判，双方的问题都得到了解决，他们都认为自己赢了。

在谈判中，谈判双方对同一个问题的价值认定是不同的，也就是说，甲方想要达到的目的乙方实际上毫不在乎，而乙方想到获得的东西甲方却感觉没有任何意义。

所以，在谈判过程中，不仅需要考虑己方需要的东西，还应该考虑对方需要的东西。如果对方需要的东西在己方看来是丝毫不会影响到自己任何利益的东西，那么，何不找个适当的机会，以适当的方式“送给”对方呢？让对方感觉他赢了谈判，这对己方是大有好处的。只有你满足对方的基本需求时，对方才会给你相应的回报。

聪明的谈判者不会只顾及自己的利益和感受，而是从对方的预期出发，尽量让对方的心理得到满足，给对方一种自己赢得了整场谈判的感觉。

Part 8

谈判要懂得观察，
一个人的身体往往蕴藏着很多信息

40. 一个人的肢体，总在不经意间透露他的想法

人不经意做出的肢体动作反映出了他当时的心理活动，心理产生变化时，通常都会通过肢体语言来表达。虽然我们无法看透对方的大脑，但通过肢体语言，也能了解对方的内心想法。

他人的语言也许会欺骗我们，肢体动作却很真实，如果我们能破解身体语言的密码，就能更准确地认识他人，更容易地说服他人。

丁磊是家上市公司的面试官，他在这个岗位上已经工作了好多年，在识人方面可谓非常有经验。

"我通过对方不经意的肢体动作，就能清楚他们的为人。"丁磊非常自信地对朋友说。

据丁磊回忆，一个准备来面试的小伙子本来准备得非常充足，但因为第二天下雨了，路上堵车严重，小伙子来到公司之后，浑身都湿透了，显得狼狈不堪。他之前记住的面试知识，瞬间一扫而空，大脑一片空白。

小伙子是当天第一个面试者，丁磊坐定之后，小伙子几乎不敢直视他，还一个劲地用手摸鼻子，几乎停不下来。

丁磊一看就知道他非常紧张："你一直摸鼻子，是不舒服吗？"

"我……我没有。"小伙子语无伦次，想停止自己下意识的动作，却无法控制。

其他的面试人员有些不耐烦，之后丁磊就问了几个无关痛痒的问题。

"今天的面试就这样吧，回家等着我们的复试通知。"丁磊轻描淡写地

说，其实就是在好意敷衍。

小伙子沮丧地出去了，他自己也知道没有希望。

“就这样把人给拒绝了，会不会太武断？”朋友有些难以理解。

“很多人都这样问，其实不会的。在我们的位置上待久了，完全可以从对方的肢体语言中看出很多信息。他一直摸鼻子，是非常不自信的行为，这样的人，大多数的公司都不喜欢。”

对于丁磊说的这些，朋友仔细想想，觉得确实是这么回事。

丁磊观察人的经验非常丰富，从面试者的肢体动作就看透了对方，实在是让人佩服。小伙子也很值得同情，因为肢体动作透露了自己的弱点而失去了获得工作的好机会。

肢体动作包含了丰富的语言，它包括姿态、手势、面部表情等，是公认的体现真实内心世界的语言，在社交中懂肢体语言是很有必要的。

在谈判中，不管出于什么目的，很多人都会给自己戴上一张面具，有时是出于欺骗，有时是出于防卫，如果我们只被对方的表象所迷惑，就难以摸准其内心、看透其性格，这样就不利于跟对方进行深层次交流。如果我们能够读懂肢体语言，对对方就能有更准确的了解。

有一些谈判高手，在谈判过程中，就算对方一句话也不说，他们也能从其举止行为中了解对方的真实想法。

肢体动作还分为真动作和假动作，真动作是一种很自然的真情流露，假动作则是一种掩饰。很多说谎者都喜欢用假动作来欺骗人或掩饰自己的不安。

其实，纵使假动作做得再自然，也还是会露出破绽，毕竟它与内心的真实感觉是不一致的。说谎者也许可以骗过不谙世事的人，但对于有经验的社交高手，只能是欲盖弥彰。

当下，在与人谈判时，肢体语言的重要性也越来越明显，能解读他人的肢体语言，能运用好自己的肢体语言，就能在看透别人的同时正确表达自己，深得他人的欢心和信任。

那些选美小姐，举手投足都得体有礼，她们不用说话，只要站在那里就好像在跟人交流，这都是肢体动作的功劳。由此可见，肢体动作能为大家提供相当丰富的信息。

因此，在谈判时我们要注意观察这些小细节。

如果在交流时，有人不断摸鼻子，而且一再重复，那么他很可能就是在说谎。当说谎之后，想法会立刻进入大脑，这容易让人感觉不安，于是下意识地就想捂住嘴巴或鼻子，但为了不让动作过于明显，往往就会蹭鼻子，这种动作通常很难控制，会不断出现。

当有人来回搓手，不知道双手该如何放时，就证明他当下局促不安，或者因为紧张而感到拘谨。这时，我们不妨开个玩笑，来缓解尴尬的气氛，等对方安定下来再进行交谈。

嘴上的动作也能透露他人的信息。当他人下意识地咬嘴唇时，证明他内心不舒服，也许是有人在无意中触动了他们的自尊心，或损害了其尊严。这类人往往有强大的意志力，做事比较武断，也时常会记恨他人。

当别人的嘴角轻微上扬时，证明他内心高兴，对当前的状况相当满意，心情极好。如果这时说出自己的请求，对方就更容易答应。

手部的活动能力是比较强的，内心很多信息都会优先通过手部动作传达出来。受到刺激时，它会下意识地收缩、颤抖或冒汗。这些下意识的动作通常都难以控制。

当看到对方手掌颤抖、冒汗时，就说明对方受到了刺激，也许是听到了振奋人心的好消息，也许是忐忑紧张，或者是不敢面对自己的内心世界，结论要通过具体的情境来做明确的判断。

苏珊从小就家境富裕，长大后又嫁了个好老公，一直顺风顺水，周围很多女同学都非常羡慕她。

有一次，老公从国外带回来一些昂贵的工艺品，苏珊就邀请几个好朋友来家里参观，赵敏也是其中之一。

同学们看到新奇的工艺品，忍不住啧啧称赞，苏珊喜不自胜。

过了两个小时之后，苏珊发现其中一件工艺品出现了明显的裂痕，好像是被摔过了。

“啊，这个怎么坏了？是谁摔的？”苏珊心直口快，一下子就说了出来。

大家都连连否认，谁也没注意。

这时，苏珊看见赵敏站在一旁，极力保持镇静，她的双手不可抑制地微微颤抖。一时间，苏珊什么都明白了。

赵敏家里条件不好，弄坏工艺品后肯定很紧张。

想到这里，苏珊没有再追问。一年后，苏珊收到了赵敏送来的礼物，这个礼物跟当初摔坏的工艺品一模一样。

赵敏颤抖的双手出卖了她的内心，让善于观察的苏珊知道了真相。不经意的肢体动作，往往是难以骗人的。

读懂他人的肢体语言也不是一件难事，只要我们勤加练习、善于观察，相信我们也能锻炼出一双慧眼，以便在交际中感应肢体语言的信息和秘密，同时更好地表达自己。

读不懂他人肢体语言的人，在谈判中就像在夜间行走，一不小心就会迷路，甚至摔倒。相反，如果读懂了这些信息，谈判之路就会变得平坦又明朗。

41. 微表情，让你看到最真实的对手

早在古代，就有占卜看相的说法，大致的方法是凭着一个人的面部特征、相貌来预测其命运，或者只凭一个人的眉毛形状来下定论。其实，从科技日新月异的今天看来，这样所谓的相学都是不科学的，毕竟，只凭着一个人的眼、眉、耳、鼻的形状以及位置等脸部特征，是很难判断出一个人的未来的。然而，若是运用现代心理学，则通过一个人的面部表情来读出对方的心理。这种识人心术可以很好地运用到交际场上，尤其是我们所面对的对手。比如，在商业谈判中，要想紧紧地抓住谈判主动权，我们就需要了解对手是一个怎样的人，他的心里到底在想些什么。他的面部表情会泄露一些内心的秘密，如果我们能恰当地识破那些秘密，那么，就已经胜券在握了。

面部可以做出各式各样的细微表情，微妙又复杂。但也正因为如此，它能更准确地传达内心的信息，反映真实的情感。如果我们能迅速捕捉到，在对方开口之前就能得到一些有用信息，这对于说服一个人来说是至关重要的。

在生活中，每个人都会有微表情，它只能持续不到一秒钟的时间，是一种不受控制的、下意识的动作。但这种一闪而过的表情，是最真实的。

邓超家里要盖房子，为了让新家更宽敞，他想稍微扩大一下自己的空间，邻居一看他占了公共部分，自然不干，还告诉他："你要是敢占地方，我就去告你，你看着办。"

看到邻居这么强势，邓超一时很苦闷。他不敢明目张胆地跟邻居作对，但也实在想让新家宽敞一些。

有人和邓超说："你可以去请杜老大帮忙，他在我们这里非常横，大家都怕他。请他来助阵，谁也不敢再说什么了。"

邓超一听，觉得是个好办法，于是赶紧拿钱去超市买了很多礼物。

"老大，我想请你帮个忙。"邓超把礼物堆在杜老大面前，"你帮我吓唬吓唬邻居吧，他阻止我盖房子，真是太可气了。"

杜老大是个好吃懒做的人，一看邓超带来的礼物，两眼直放光。

"行，行，没问题，不就是吓唬人嘛，我最会做了。"杜老大收下了礼物，"明天中午我就去给你出气，到时候等着我就行了。"

邓超一听有戏，赶紧表达谢意，高兴地回家了。一到家邓超就对邻居放出狠话，说明天中午要他好看。

结果，第二天中午，邓超跟邻居吵翻了天，杜老大也没来。邓超不占理，被邻居骂得非常难听，还差点动手揍他。幸好有人拦住了邻居，邓超才没挨揍。

后来他才知道，杜老大根本就不想帮他，人家跟邻居是远房亲戚，白收了他的礼还不办事。邓超仔细回想，杜老大当时表情淡定而窃喜，一副云淡风轻的样子，他本来就没打算帮忙。是自己笨，没有及时察觉，赔了夫人又折兵，只能自认倒霉。

如果邓超能及时捕获杜老大脸上的微表情，他就不会吃亏上当。杜老大当时一闪而过的窃喜表情说明他在打坏主意，这是很真实的心理写照。

有人说过："面部表情是多少世纪培养成功的语言，是比嘴里讲的复杂千百倍的语言。"如果我们能读懂他人的面部表情，就能明白对方的内心所想。面部表情折射了人物的心理，这是不争的事实，只有学会察言观色，才能及时识别，才能更好地窥探人心。

事实上，那些心细的人在跟别人交谈时，通过观察就能确定对方是否喜欢跟自己交谈，能否给出满意的答案。神色、表情都是很好的判断依据。

有些人虽然才华横溢，却总是不得志，很大一部分原因就是识人不明，看不懂对方的真实意图，自然也难以迎合别人，甚至树了敌还不知道。学会看透别人的内心，才能保护自己，才能得到他人真正的认可。

交际是扩大自己关系网的必要手段，在这个过程中，必须练就火眼金睛，善于观察，不错过对方任何一个表情信号，及时发现有价值的信息，为做好交际打下良好的基础。只有这样，才能在交际中实现自己的目标，才能拥有更美好的未来。

有人说“眼睛是心灵的窗户”，那么我们也可以说“表情是心灵的镜子”，我们要做的是，通过“镜子”反射的信息，看透对方最真实、最有价值的信息。

通常，人在惬意、精神比较愉悦的时候，脸部表情是非常放松的，看起来很生动。因此，我们可以通过这些来判断对方心情如何。嘴角轻扬、嘴巴微张、眉梢带着喜悦，等等，这些表情都能说明对方的心情很愉悦。

当一个人悲伤郁闷的时候，脸色通常会黯然，眼睛会失神无光。当我们遇到不高兴的事，心情悲苦沉闷，就会不自觉地凝眉。脸色由于大脑分泌的悲情因子而变得黯然，没有光泽，眼神也不再熠熠生辉。如果你与人交谈时，发现对方表情呈现这样的状态，那你就要懂得适可而止啦。

当一个人脸上的表情夸张而僵硬时，则证明他不是真的高兴或悲伤。真正的开心或悲伤是掩藏不住的，就算一个人伪装得再好，他的表情也会暴露。如果一个人不是真的快乐或悲伤，那么他会下意识地去隐藏真实的情绪。这时他们脸上的表情会表现得很夸张，大笑、大哭或表情僵硬。而且，这种夸张的表情出现得比较短暂，时间一长，眼里肯定会透露出疲惫或黯然。

除此之外，还有一些具体的表情符号，我们也要懂得。在交谈时，如果对方的嘴角下垂、眼神暗淡，则表示他感觉不自在、很尴尬。

如果对方嘴巴抿紧、鼻孔向外翻，则表示这个人很生气，这时候你要赶紧远离或及时调整紧张的气氛，万不可火上浇油。

在交际中，我们还要善于区分别人的笑容，有的笑容是真心的，有的则不是。当一个人发自内心地笑了，眼角会有轻微的皱纹，佯装出来的笑容通常则没有。

当一个人的瞳孔忽然放大了，激动、兴奋、恐惧等都有可能是其情绪变化的原因；当一个人开口说话后，立即抿嘴，则表示他对自己的话很不自信，甚至怀疑自己；如果对方脸上惊讶的表情持续了几秒，或眉毛上扬，则表示他不是真的吃惊。

还有一些人脸上几乎是没有表情的，很难捕捉到他们的表情变化。这类人往往都是社交高手，心理非常强大，能做到喜怒不形于色。在跟他们交往时，说话做事更要小心谨慎。他们不但善于伪装自己的情绪，还是洞察他人表情的高手。

其实，没表情也是一种表情，如果我们深谙洞察之道，还是能看清对方内心，看破对方的伪装的。

在与人交往时，如果我们不懂他人的表情，就容易误解对方的真实意图，形成错误判断，难免会感觉受到掣肘。如果我们真正洞察了他人的表情信息，就能得到更多有价值的东西，如此才能收获更多，才能成为拥有火眼金睛的强人。

42.听话听音，通过语速读懂对手的情绪

在跟人聊天时，如果对方的声音温和悦耳，语速不急不慢，听者会感觉非常舒服，忍不住想要亲近；如果对方声音尖锐，语速惊人，我们会感觉很讨厌，从而留下不好的印象。由此可见，声音也是判断他人性格和情绪的重要依据。

在沟通中，尤其是谈判时，很多人都会通过语调、语速的变化来判断对方的情绪和心理，从而掌握主动权。当我们无法从其他方面看透别人时，不妨可以利用声音来判断。

李明明是保险公司出了名的老好人，性格温和，说话不紧不慢，总是一脸微笑。她在公司待了很长一段时间，从来没人看到过她发脾气，即使有时跟人拌嘴，也很难听她说出难听的话。

正因为如此，李明明在跟客户交谈时，总是很难占据上风，经理对她很不满意。

李明明自己也感觉很苦恼，很多客户都摸透了她的脾气秉性，从她的声音中就能知道，无论如何她也不会发脾气，也不会据理力争，所以大家都有恃无恐。

“明明，我觉得你就是脾气太好了，所以大家都不把你放在眼里。”公司里的一个老员工提醒李明明。

“可我脾气就这样，怎么改啊？”

“人家都说禀性难移，是有道理的。你在跟客户谈判时，可以改变自己

的语调和语速，如此一来，客户会觉得你也是有情绪的人，这样他们就会‘惧怕’你。”

李明明觉得有道理，于是决定试一试。

在跟客户谈单子时，李明明中气十足，口气很强硬，语速也比平时快一些。客户不停地反驳李明明，这次她没有再好言相劝，而是掷地有声地说出了自己的意见，看起来非常强势。

客户一听，觉得李明明态度强硬，就没有再提无理要求，而是和颜悦色地跟李明明商量，怎样才能让双方都获利。

之后，李明明进行了总结，她深刻地意识到，声音变化能透露出个人的情绪。推己及人，之后在跟客户谈话时，她也经常凭借声音来探究对方的情绪，通过掌握对方情绪的变化，转化对策来说服。如此一来，李明明的谈判功力增强了很多。

说话时的语调和语速都暗藏着情绪，声音是根据个人的情绪变化而变化的。有些科学家就是通过一个人说话的语气来研究对方当下的情绪的。如果能及时判断出对方的情绪，我们就能立刻调整说话的方式和内容，说服对方。

在说服他人的时候，如果听出对方的声音忽高忽低，变得不耐烦了，聪明的人会立刻察觉，然后尽快结束话题，或转到一个对方感兴趣的新话题。这样在说服的过程当中，就不会处于被动地位。

声音为什么这么重要呢？其实也不难理解，人的声音系统组成是非常复杂的，是一个很特别的存在。动物的嘶吼都是来自本能，但人不一样，它是思想交流的工具。在说话时，感情、情绪、性格等都会不自觉地流露出来，所以，听语速和语调就能判断出情绪。

俗话说得好：“听话听音，浇树浇根。”通过语调就能听出人的情绪。语调比语言更具个人特色，语调和语速会随着情绪时刻变化。反过来，一个人当时的情绪也决定了他的说话口气和对事物感情的浓淡深浅。

在平时，如果我们看到别人生气了，态度肯定会变温和，或者不再说话。很多时候，生气都不是看出来的，而是根据对方的声音变化察觉到的。

那么，不同的语调和语速到底代表着怎样的情绪呢？下面我们来具体看一下。

当一个人的语调变轻、语速变慢时，说明对方底气不足。这类人脾气比较温和，心胸宽广，平时也能接受他人的意见。其缺点是不能坚持自我，容易受他人影响。属于多愁善感类型。

感觉到对方底气不足时，我们就可以适时地说出自己的目的，对方也更容易接受。

当别人的声音听起来清脆悦耳、轻快干脆，就证明他心情大好，心中的喜悦很自然就表现了出来。这时跟他们交往，什么话都能说，因为对方心情好。

在说服时，当对方的声音变得温和，语速变缓慢，听起来温暾如水，则说明对方的心情平和，没有什么起伏，也能说明对方对你的话不感兴趣。如果这样，就不要再继续说，说得越多，对方越不耐烦，还不如先停下来，等有机会了再继续说，效果反而会更好。

张玲平时爱好写作，大部分的业余时间都花在了这方面，用她的话来说，写作是她的梦想，是让自己感觉充实饱满的必要存在。

在一个交际场合，她偶遇了自己的偶像作家，当时非常激动，她立刻走过去跟对方打招呼，非常热情地介绍自己，说自己是对方的粉丝。

张玲想，这是一个很好的学习机会，于是她就开始询问对方写作技巧，说了一会儿，对方的声音开始变慢，语气变得低沉，虽然还在跟张玲交谈，但声音已明显透露出了不耐烦。

“很高兴跟您谈了这么多，希望以后还有机会请教。”张玲觉察到了作家的不耐烦。立刻主动结束了话题。作家自然很高兴，给张玲留了名片就离开了。

很多人在交际时只注意自己的情绪，总是一头热地表达自己，这样很容易让对方产生反感。只有学会体察对方的情绪，才能合时宜地跟对方交谈。

还有，如果某人的声音忽然由平稳转向高亢或尖锐，就证明有人触碰了他的底线，使他的情绪出现了很大波动，如果是自己没说对话，就赶紧停止，或跟对方道歉。

值得注意的是，如果对方的语气变得愤怒强硬，我们最好不要以硬碰硬，冷静下来，选择其他方式进行温和的交流，减少不必要的矛盾和冲突。

由以上内容我们不难看出，声音里面也有大学问。学会通过语调、语速来观察别人的情绪，就能及时调整自己的说话方式或谈话内容，让交流变得更和谐、更高效。

在交际中，声音也是留给他人的第一印象，我们不仅要善于觉察他人的语调、语速变化，摸清他人的情绪变化，也要注意调整自己的声音，尽量给人良好的印象，同时避免让声音过多地透露自己的情绪。只有做到这样，在说服对方的时候，才可以立于不败之地。

43.眼睛是心灵的窗口，它让你洞悉对方的内心

在与人谈判，说服他人的过程中，其中的内容真真假假、虚虚实实需要我们去作出客观判断。只有看透对方的真实意图，才能更容易地说服他人。“眼睛是心灵的窗户”，它通向内心的真实世界，可以带给我们各种信息。如果善于观察人的眼神，就等于学会了识人术。

生活中，我们可以先通过眼神来观察别人，洞悉对方真实的内心世界后，再选择合适的方式说服他。

李琴是位德高望重的老师，学识渊博，脾气也好，但就是不会看人，尤其在社交场合，显得被动极了。

她老公常常提醒她，要看人说话，不能傻老实，得罪了人还不自知。

“可我就是不会看人，我也不知道对方所说的话是真是假。”显然李琴在这方面反应比较迟钝。

“看人说的是不是实话，要看他的眼神，我告诉过你多少次了！”老公真拿她没办法。

周末，有位女学生来拜访她。这位女学生非常会来事，几句话就说得李琴高兴不已。

“你真懂事，你爸妈把你教育得真好。”李琴拿出西瓜来招待她。

“哪里啊，”女同学眼睛滴溜溜地转，“我能碰见您这么好的老师才是运气好，德高望重，又和蔼可亲。”

“你真会说话，我真是越来越喜欢你了。”

“那个，老师，我的考试成绩不太理想，你能不能不要让我挂科？”原来这才是女学生来拜访的真实意图。

“这个不行，这是学校的规定，我不能违背。不过我这么喜欢你，可以给你补习功课。”李琴没有注意到对方忽然暗淡的眼神。

“嗯，好，谢谢老师，我先告辞了。”女学生准备离开。

“好，欢迎再来。”

女学生走后，李琴的老公出来说：“这个女孩子太刁钻了，以后别让她来了。”

“你怎么知道？”李琴听老公这么说，非常不高兴。

“她的眼神闪烁不定，时而暗淡，时而闪烁，看起来很狡黠。”李琴的老公一直在观察这个女学生。

李琴半信半疑，果然，没过几天，她就从其他老师那里听到女学生到处在说她坏话，说她最喜欢别人恭维，是个没主见的老师。这件事给了李琴深刻的教训。

生活中有很多像李琴这样的人，在跟人交往时，难分真假，不懂识人，经常陷入被动。

我们内心深处的想法都能通过眼神体现出来。古代就有人说过，心内中正的人，眼神就纯正；心术不正的人，眼神就透露着邪恶。因此，读懂他人的眼神就相当于看透了对方的内心世界。

很多事实都证明，观察别人的眼睛，是了解他人最好的方法。很多交际高手，往往透过一个眼神就能洞察别人的心思，这让他们在交际中一直处于有利地位。除了眼神可以流露真情之外，一些小动作也是不能忽略的。眨眼、眼角上扬、眼睑下垂、挤眼睛等这些小细节都是不容忽视的，结合当时的情境，仔细观察，你会更了解他人的想法和意图。

眼神的力量的确是巨大的。有些人，当别人看到他严厉的眼神时，就不敢接近他，更不敢说重话。这些都能证明眼神的力量是巨大的，蕴藏着许多心思和想法。

总之，一个人的性格和心事都能从对方的眼神里看出来，他们的喜怒哀乐等都能通过眼神表达出来。如果自己不会捕捉，那只能证明你不懂得识人，不懂得成熟的交际。

眨眼是我们正常的生理需求，眨眼可以让眼部保持湿润。当一个人焦虑、惶恐，眼神飘忽不定时，证明他内心非常不平静，往往就会通过高频率的眨眼来缓解。如果在交际中看到这样的人，最好还是远离为妙，也不要相信他的话。

平时在和他人谈话的时候，如果对方的眼神灰暗不明、毫无光泽，这时就要懂得适可而止了。因为这表明，对方现在对你说的话不感兴趣，感觉很无趣，如果还是坚持说下去，只能引起别人的反感。

相反，如果对方的眼神豁然变得明亮，这就证明他非常想听你说话，或者你的话说出了他的心声。这时应该乘胜而动，好好表现，如此更容易赢得对方的好感。

马丽是个大龄剩女，相过很多次亲了，都没有成功，很不如意。但众多的相亲经历也使她练就了一双火眼金睛。

周末，妈妈又给她安排了一场相亲，对方条件非常好，她心里觉得自己肯定没什么希望。

在交谈中，她表现得非常自如，一点也不拘谨。没过一会儿，马丽就发现相亲对象眼神忽然放起光来，非常吸引人。于是她知道了，对方对她也很有好感。之后，她继续好好表现，最后成功征服对方，脱离了单身贵族的行列。

眼神里蕴藏着无数玄机，只要你懂得捕捉，就能窥探到他人的真实想法，就能更好地占据有利的位置。

在交际中，我们要少做挤眼的动作，这不仅容易产生暗示的效果，还非常不礼貌、不友好。通常用眼神暗示别人的人，已经和对方达成了共识，在别人看来是一伙儿的，看到的人会感觉自己是被疏远和孤立的。交际时，最好收起这样的行为，避免为自己树敌。

同时，当我们看到这种现象后，心里要有数，不要再反驳对方的意见，最好的方式就是沉默、不理会，保全自己。

谈话时不喜欢看着对方或者直接把眼睛闭起来的人，往往都心高气傲、眼高于顶，甚至有些目中无人。跟这样的人交往时，要小心谨慎，他们往往心眼小、报复心重，不必为了小事得罪他们。

还有，在交际中，如果对方的眼神透露出安静，则表示他心中有数，甚至已经成竹在胸；如果眼神散乱，没有焦距，则说明对方内心焦急，毫无主意；如果对方的眼神比较阴沉，说明他心中有诡计，交往时要万分小心；如果对方眼睑下垂，则表示他不感兴趣，要赶紧转换新话题。

在跟人交往时，目视对方是种礼貌，同时也是我们获取对方内心信息的重要手段。平时我们要培养观察他人眼神的意识，学会通过眼神识人的本领。

44.掌握了口头禅，就掌握了说服对方的主动性

“道歉有用的话要警察干吗？”“我对别人的话不感兴趣。”这是曾经风靡一时的两句口头禅。

说第一句话的人是个骄傲自大、有些目中无人的公子哥；说第二句话的则是个凡事都不上心、患有轻微自闭症的人。

从这两句口头禅中，我们就能对两个说话者的性格了解得比较透彻。一个人的口头禅，往往会从侧面暴露他的性格特征，而掌握了对方的个性特征，对于说服就会起到至关重要的作用。

积极的人说的口头禅会给人动力，会让大家感受到你的朝气，从而赢得别人的喜欢。

晓月是一家设计公司的文员，平时只管一些闲杂之事，在人才济济的设计公司，她的存在原本应该是很不显眼的，但事实相反，她不仅得到了领导的赏识，还是整个公司的“人气王”，大家都非常喜欢她。

这很大一部分原因都得益于她经常说的口头禅“还好”。这是一句很积极的口头禅，大多数人听到都会很高兴。事实上，晓月也是一个积极乐观的人，不管什么时候、遇到什么困难，她都能看到希望。

“晓月，我今天真倒霉，因为堵车迟到了2分钟，气死人了。”一位女同事大早上就开始跟晓月抱怨。

“还好，幸亏只迟到了2分钟，要是再多迟到一会儿，就撞上经理了。”同事听了晓月的话，暗自觉得庆幸，也就不生气了。

“晓月，凭什么年度优秀员工是小赵不是我啊？我哪里做得不好？”

“其实你也还好了，不是给你加薪了吗？加薪比评优更实惠。”晓月笑呵呵地安慰同事。同事听了，心情很快就多云转晴了。

因此，公司里的人每每提到晓月，都会忍不住竖起拇指说：“她为人积极乐观，真是一个不错的女孩子。”

这个评价，大家基本上都是从她的口头禅中得出来的。

就这样，晓月在公司越混越好，没过多久就升职加薪了，大家都为她感到高兴。

大家为什么喜欢晓月？是因为她的积极乐观。大家为什么认为她积极乐观？是因为她带有积极意义的口头禅。大家通过口头禅了解了晓月的性格特征，从而认可了她。并且晓月通过别人的语言了解到她们的烦恼，从容地说服对方忘掉不好的事情，因此，她在公司里赢得了好人缘。

每个人的成长环境和生活经历都有很大区别，久而久之，说话方式和喜好就会有自己的特点。经常说的口头禅，就代表了你的性格特征和个人喜好。

简而言之，口头禅就是一种个人的说话习惯，也许开口之前没过大脑，但它真真切切地包含了说话人的心理活动和性格特征。因此，平时不要小觑别人的口头禅，尤其是在交际中，更要留心，很多时候，一不注意，口头禅就已经“出卖了”我们。

在跟人交往时，我们要尽量避免说否定自己、偏激、带有严重感情色彩的话。很多人都经常说“我不行”“最讨厌这个”“人心隔肚皮”“烦死了”“郁闷”等含有否定意义或悲观情绪的话。

事实证明，没有人会喜欢这样的人，大家面对他们时，往往会敬而远之。

一般情况，积极的人会有积极的口头禅，消极的人说话也会带着消极的气氛。我们的性格影响了口头禅，反过来，口头禅也会给予我们暗示。如果口头禅过于消极，就会让我们的性格变得更消极。

在与人交往时，可以通过口头禅认识别人，并在说服别人的时候占据主动。与此同时，我们也要注意自己的口头禅，尽量克服消极情绪，不让他人窥探到自己的消极情绪。

如果发现自己的口头禅过于消极，就必须重视起来，想办法克服，不能听之任之，让其影响我们正常的交际。

想必很多人都有疑问，要怎样通过他人的口头禅来判断其为人？下面我们来具体分析一下，如何通过口头禅判定别人的性格。

经常说“听说”“据说”的人往往喜欢道听途说，缺乏主见和判断力，遇事只会人云亦云。同时，这样的人处事比较圆滑，不想为自己的行为负责。对于这类人，不要太过听信他们，大多时候一笑置之就行了。

经常说“是的”“你说得对”“嗯”“确实如此”的人最大的缺点就是缺乏主见，很容易被他人说服，通常很难坚持自己的意见。在交际中，他们几乎都是被动的一方，容易被别人牵着鼻子走。

把“不过”“但是”当口头禅的人，性格比较委婉、温和，可以说，这类人大都精通交际之道，不把话说绝，给人留面子，给自己留下余地，说话做事都不会太武断。他们在人群中往往更受欢迎。

依晴是化妆品公司的公关，口才、办事能力都非常了得。听说过她的人会认为，她肯定是个口齿伶俐、咄咄逼人的人，但见过她之后，再也不会这么说，因为她说话相当温和。

“你们公司的产品怎么会这么差劲啊？自从我用了这套化妆品，脸都成这样了。”顾客指着自己长痘的脸，非常不满意。

“我可以看出来，您脸上的痘是因为受到刺激长出来的，我们的产品完全是纯天然的，”依晴从事这个行业这么多年，一眼就看了出来，“不过您是我们的顾客，我们会给您治疗好的，请您相信我们。”

顾客心里也明白，自己最近天天吃辛辣食品，听依晴这么一说，她便顺势下了台阶，欣然同意了。

虽然不是自己的错，但把道理说明白后，再加上“不过”，顾客心里便很受用了。

喜欢说“我早就知道”的人，都很喜欢表现自己，看低别人，言外之意就是“我已经知道了，你却不知道，你根本比不上我”。这类人往往妄自尊大、自以为是，最经不住他人的甜言蜜语，一旦被他人看透，社交时就变得岌岌可危了。

“我晕”“我去”，把这些当作口头禅的人，一般都比较活泼开朗，没有什么城府，是内心可爱之人。在生活中，他们的人缘往往都比较好，是不拘小节的，但有时也难免会因为不善洞察别人而吃亏。

如果我们留心观察，就不难发现，很多人都有自己的口头禅，也许是自己发明的，也许是学来的，但不管如何，都透露着自己的生活圈子和性格。因为口头禅是个习惯，一时很难改变。

学会通过口头禅来判断对方的性格是种社交技巧，是看透别人的捷径、说服他人的前提，交际时要多加注意。与此同时，我们还要注意自己的口头禅，不要让对方看出漏洞，让自己在谈判时处于劣势。

45.谈判高手不仅要会说，更要懂得观察

提到FBI——美国联邦调查局，相信读者们都不会陌生，它总是在好莱坞的大片中频繁出现，肩负着保护美国国家安全的重要使命。FBI 的特工成员则更加具有传奇特质，他们浓厚的个人英雄主义色彩，无不神话了FBI的特殊身份。甚至，对于美国民众来说，FBI就是他们的安全保障，他们对FBI这个美国国家机构的存在的心理依赖性，远远超出了他们自己的想象。

FBI特工最重要的工作之一，就是获取各类重要甚至绝密犯罪案件的情报资料，为后续的案件侦破工作提供确凿的证据。那么，FBI特工们在面对经验老到的狡猾罪犯的时候，是怎样从犯罪分子口中获得想要的信息呢？

1990年，纽约市郊区发生了一件宗教谋杀案，数名曾经有过激进宗教言论的犯罪嫌疑人被捕并交由FBI审讯调查。由于案件涉及宗教、政治、恐怖主义，FBI面对的犯罪嫌疑人不仅非常危险，而且老奸巨猾，侦破工作进行得相当艰难。

当时，在FBI拥有25年工作经验的特工乔·纳瓦罗负责审讯其中的一名主要嫌疑人。这名嫌疑人有充分的不在场证明，言辞也显得真诚可靠，可是乔·纳瓦罗凭借自己多年工作经验积累的职业敏感性，觉得这名嫌疑人很有可能在说谎。于是乔·纳瓦罗就犯罪凶器的问题进行了如下提问：

如果你参与了这起宗教谋杀案件，你会使用炸弹吗？

如果你参与了这起宗教某杀案件，你会使用枪吗？

如果你参与了这起宗教谋杀案件，你会使用斧头吗？

如果你参与了这起宗教谋杀案件，你会使用铁棍吗？

这里所说的斧头便是众所周知的犯罪工具——乔·纳瓦罗知道，嫌疑人

也知道，乔·纳瓦罗的主要目的是想观察嫌疑人听到“斧头”后的反应。当提到斧头的时候，嫌疑人的眼皮明显地耷拉了下来，并且一直耷拉到下一个凶器即铁棍的出现。乔·纳瓦罗立刻明白了，随即将此嫌疑人的怀疑等级提升到最高。果然，后来的调查证实明，他确实是这起案件的凶手。

这不是神话，这只是FBI侦破的千千万万的案件之一。FBI已经擅长从犯罪嫌疑人员的身体语言中发现他们的蛛丝马迹。

人类的行为可以发出两种不同信号——语言信号和非语言信号。其中，语言信号是最易于寻找和识别的，而非语言信号（包括肢体语言、面部表情语言甚至肌肉自主抽搐等身体反应）则难以被察觉，因此往往被人忽略。但正因为它的不易察觉和被忽略，才使得人们很难对它进行作假和包装——用语言撒谎是最常见的，这是我们公认的现象。

如果能够掌握非语言信号告诉我们的信息，那么了解一个人或一件事情的真相就显得容易多了。

那么，非语言信号和我们讨论的说服之间，又有怎样的关联呢？

公司的茶水间贴有明显的“禁止吸烟”的标志，但是，在最近新进公司的几个男同事的影响下，这个标志完全被吸烟的男同事忽视，以至于他们总是三五成群地在茶水间吸烟聊天，这让身为行政人员的小曹很是头疼，总担心行政经理哪天就这个情况而说她工作不负责任。

小曹决定说服吸烟的男同事不再在茶水间吸烟。

直接向他们提要求肯定是行不通的，不仅不管用，还很有可能引起他们的反感。小曹经过几天的观察，发现男同事们在吸烟的时候总是不自觉地朝里面的办公室张望——行政部办公室就在里面，这说明他们还是有所顾忌的。

但是，行政经理办公室与茶水间之间的视线被一棵盆栽挡住了，除非站在办公室门口，否则刚好不能看到茶水间的情况。于是，小曹请清洁工将那盆盆栽挪到了走廊的另一端，这样从行政部到茶水间的视线就完全敞开，在行政经理办公室即可将茶水间一览无余。

果然，盆栽移走的第二天，男同事们几乎就没有人在茶水间吸烟了，小曹也终于解决了心头之患，成功地“说服”了男同事们。

从上面的例子可以看出，说服不一定真是需要“说”，不用语言的说服，同样可以达到目的。这就是非语言信号与说服之间的关联——通过对非语言信号提供的真实信息的揣摩与分析，并将其与说服心对象的心理诉求结合起来，从而大大提高了说服的成功率。甚至可以这样说，结合非语言信号而进行的说服工作，其成功率明显高于仅仅根据语言信号而进行的说服工作。

从心理学的角度来说，每个人都具有一定程度的超感官知觉，即人对事物的认知在某些情况下可以不通过我们通常认为的感觉器官，而是通过“非眼视觉”“遥听”“预知”等所谓的“超能力”。超感官知觉的存在，可以帮助我们更好地把握说服对象所传达出来的非语言信号。

但是，对非语言信号的观察与把握，并非一件容易的事情。观察的准确性、把握的程度都与执行者的社会阅历、认知习惯、反应速度、归纳整合信息的能力等基本素质有相当大的关系。

一个善于观察与把握非语言信号的人，一定是一个有着丰富生活经验的人，这个没有一定时间的积累，是难以实现的。

社会心理学研究表明，若一个人各方面的基本素质均衡且处于社会中等水平，那么假设他在22岁左右这个心理生理状况处于较好的上升状态的时间点，开始有意识地开始培养自己察言观色的能力，那么到他基本可以对观察对象达到80%的准确认识，通常需要1.5年的时间。当然，这个时间的长短是随着上面那些假定因素的不同而有所改变的，但一般不会早于1年。

如果希望根据非语言信号而成功实现说服工作，建议首先在日常工作及生活中有意识地去培养自己捕捉周遭情况的能力，以便为后面的说服工作打下坚实的基础。

Part 9

谈判谋略重要，技巧更不可少

46.谈判不可能每次占优势，劣势下的谈判更讲技巧

在谈判中，即使我们处于劣势，也无须过于担心。只要掌握恰当的说话策略，我们就能够从劣势中突围。具体地说，有3种说话策略可以帮到我们，分别是“软语气”“陈述自己的可利用价值”“放弃对立，和对方合作”。

软语气

软语气并不意味着在和对方谈判时，我们要唯唯诺诺，对对方毕恭毕敬，而是指我们要尽量避免使用一些生硬的词汇。例如，有的人在否定对方的观点时，喜欢直接说“不是这样的……”“你错了……”“你根本不了解……”等过于生硬的词汇，那么对方肯定会觉得不中听。因为这时，对方接收到的是“拒绝”的信息，即使这些话是真理，对方也很难接受。

尤其是当我们处于明显劣势的情况下，更需要注意用词，不要使用这些直接否定或者态度强硬的词，这并不会显得我们有骨气，反而会因此得罪对方，导致谈判陷入僵局，甚至直接导致谈判破裂。

可能有人提出疑问，那是不是意味着我们不能否定对方的观点呢？答案是否定的。我们可以拒绝对方，但是要使用软语气。例如，当对方提出的某个观点你不同意时，你可以这样说：“在这个问题上，我们是不是还可以再讨论一下？”

在处于劣势的谈判中，语气软很有好处：一方面，可以避免语气太硬而与对手形成尖锐的对立；另一方面，给自己留有余地，使用软语气来否定对方的观点，实际上并未表明自己的态度，如果对方有异议，才有转变的空间，不

会把自己逼入绝境之中。

陈述自己的可利用价值

在谈判中，如果我们处于劣势，就要避免与对方针锋相对的言辞，必要时可以摆出自己的可利用价值，让对方看到和我们合作的好处，这样才更容易促成合作。

在甲乙两国的军事战争中，甲国战败了，主动向对方请求和谈。而此时乙国非常高傲，并没有和谈的意思。

甲国代表见状，对乙国的代表说："我国虽然在这次战争中失败，但是我国仍然有丰富的资源，有雄厚的实力，如果我们两国能够和谈，结成友好联盟，我国每年会向贵国提供一定的资源；如果贵国遭遇到了其他国家的侵略，我国一定义不容辞地帮助贵国渡过难关。"

在甲国陈述了自己的可利用价值后，乙国逐渐接受了甲国提出的和谈要求。

甲国的代表能顺利地完成谈判，主要是因为他在谈判中，把本国的可利用价值一一罗列出来，以此来说服乙国同意和谈。其实不仅在政治谈判中如此，商业谈判中也是同样的道理。只有让对方看到我们的可利用价值，才能在处于劣势的情况下争取到和对方的合作，从而为自己谋利。

放弃对立，和对方合作

我们要谨记，谈判是为了促成合作，所以无论何种情况下都要少说带有对立倾向的话，如此才有可能促成合作，从劣势中突围。

有两个水果供应商，他们一直处于相互竞争的状态中。

有一次，接连下了一个月的雨，导致水果大量积压，眼看水果渐渐腐烂，他们都很着急，用了各种方法促销，但是前来购买的人依然很少。

这时其中一个供应商主动找到另一个供应商，对他说："最近连续下雨，水果滞销，我的水果都渐渐坏了，看着这些烂掉的水果我很担心。我想出了一个办法，就是把水果榨成果汁，这样存放的时间会更长，可是这样做成本有些高，我想找你合作，不知道你愿不愿意？”

同样面临这个困境的另一方听到这样的话，觉得很有道理，立即同意了这种做法。

在这个事例中，供应商没有直接说对方与自己同样面临劣势，而只陈述自己的劣势，放低自己的姿态，而把对方放到了更高的位置上，这种具有明显合作意图，丝毫不带对立倾向的话对谈判的成功、合作的促成非常有益。试想，如果这个供应商在谈判开始时说“既然大家的水果都滞销，你还是跟我合作吧”，这句话强调的是“如果不跟我合作，就是你的损失”，那么无形中把对方放到了一个较低的位置，这样一来，对方很可能不愿意与之合作。

47. 谈判不是追债，不能追着问题一直不放

谈判中有一大忌讳，那就是：三句话不离对谈判结果的追问。这既是一个雷区，也是一种非常不礼貌的行为。虽然说，谈判的目的之一就是为了结果，但作为谈判者，你必须充分地考虑对方的感受。

如果谈判中你一而再、再而三地追问对方谈判结果，连一个考虑与权衡的空间也不给对方，对方必然会觉得压抑。况且，你虽是一个比较合适的选择，但对方仍有备选，即使跟你的合作失败了，他还可以和别人合作，既然如此，他又何必要承受你给的压力呢?

吴明是个车险业务员，这个月，他的业绩很糟糕，一连半个月都没有拿到一张订单。这天，终于有一位客户打电话来说，对他们的车险很有兴趣，希望吴明能过去跟他当面谈。吴明高兴坏了，立即动身去见客户。

见到客户后，他开始耐心地向客户介绍他们公司的车险。因为客户本来就有意愿，加上吴明的仔细讲解，他更看好这份保险了。但是，车险毕竟是一项不小的开支，所以他准备再考虑一下。

吴明不明白这位顾客的意思，他只想快点签约，于是谈判刚结束，他就急着问："不知道我们什么时候可以签单？"

"我再考虑一下。"

"我们的车险是绝对划算的，您不用担心会吃亏。"

"我对你们的车险很满意，但我想再和我家人商量一下。"

"我觉得不用商量了，这么划算的车险，您还等什么？"

客户还是坚持需要一点时间考虑，吴明只好起身告辞，但他走时还不忘问了一句："应该没什么问题吧？"

客户微笑以对，没有做出直接的回答。

吴明离开后，客户出门去办事，不巧在电梯口又遇到吴明，本以为再和吴明寒暄两句就可以了，没想到吴明问道："您考虑得怎么样？应该差不多了吧？"

这让客户有点为难，他只好说："别着急，给我点时间。"顿时，吴明让这位客户觉得很反感，客户礼貌性地笑了笑，然后立即离开了。

两天过去了，这位客户一点音讯也没有。郁闷之余，吴明找朋友诉苦，朋友听他说完整个事情的经过后，惋惜地说道："你性子太急了，你干吗老问人家结果如何啊？客户都说了两天后给你回复，你就沉不住气？你想啊，要是有人向你推销你喜欢的东西，穷追不舍地问你购买的意愿，你烦不烦啊？要是我，想买我也不买了，又不是只有你一家。"

吴明顿时恍然大悟，也后悔莫及。

本来这位客户的订单吴明是势在必得的，但因为他的苦苦追问谈判结果而让客户避而远之。假如他能耐住性子，绕开"三句话不离对谈判结果的追问"这一误区，那他可能就会如期地接到客户的电话了。所以说，谈判结束时，不要苦苦追问结果。

我们不否认，要尽快知道谈判结果，但是知道它的方式不应是"着急"，而应是"积极"。这两者是截然不同的。往往，踩到谈判雷区——三句话不离对谈判结果的追问——的人是"着急"，而非"积极"。他们迫切地想知道谈判结果，因而可能会直截了当地说："您看，我们也谈得差不多了，要不把合同签了吧？"或像事例中的吴明一样，不时地冒出一句："您考虑得如何？"更有甚者，甚至会直接跟在对方身后，一直追问："相信我们的合作一定会很愉快的，不知道我们什么时候能签合同？”

与其这样，不如采用“积极”的策略。比如，谈判已结束，但结果尚不明确时，你可以说：“不知贵公司意下如何，以上都是成文的合约，如果还有什么有异议的地方，我们可以再商讨，共同解决。”你也可以说：“可能我还有考虑不周的地方，欢迎您随时跟我联系，我们再仔细商量。”“如果您还有什么要求，都可以跟我说，我尽量帮您申请到。”这么说，对方看到的是你解决问题的决心与合作的诚意，就会更愿意接受你的产品或要求，而不是心生反感。

当然，有的时候也要适当追问一下，你可以在谈判结束的时候，和对方说：“希望我明天能听到您的答复。假如您这两天比较忙，那我希望这周我能听到您的好消息。”言语中给对方暗示一个期限，委婉地表达自己想知道结果的心情。但是，意思表达出来就可以了，没有必要反复强调，更不要三句话不离对谈判结果的追问，以免招致反感情绪。

48.遇到好面子的对手，“激”他一下也无妨

在谈判陷入僵局时，要想在双方的商谈较量中获胜，有时可以先摸清对方的心理，找到对方的软肋，争取赢得主动权。如果你找到的对方的软肋是好胜、爱面子、自尊心强等，那么你就可以使用激将法。

激将法指的是通过具有刺激性的语言，激发对方的某种情绪，引起对方的情绪波动和心理变化，进而让谈判朝着自己所预期的方向发展。下面案例中的吴厂长就很好地做到了这一点。

某市有一家服装厂，3年前花20万元进口了一整套现代化高新技术刺绣设备，由于技术力量跟不上，放在厂里三年都无法使用。后来，新任厂长吴静决定把设备转让出去。她了解到本市另外一家服装厂经济实力比较雄厚，正想购买设备，扩大规模，这是一个很好的机会，吴厂长决定把设备卖给他们。同时，吴厂长也了解到，该厂成立时间并不是很长，并且一直在扩大规模，所以手头资金应该不是很充足，这样一来，对方可能就会压价或是不能及时结款，这是一个很让人头疼的问题。

谈判开始后很快就陷入了僵局，吴厂长要求对方原价购买自己的设备，对方的李厂长一听就拒绝了吴厂长的要求。

对此，吴厂长一筹莫展。但就在双方休息的时候，吴厂长发现了对方厂长李胜的一根软肋——年轻好胜。据说李胜在任何情况下都从不认输，他最怕的也是别人认为他没能力，看不起他。他拼命地扩大工厂规模，也是缘于他的这一性格。

找到了对方的软肋，吴厂长决定重新会一会李胜。她要让李胜不仅花原价把设备买走，同时，还要现款结算。

在双方再次谈判时，吴厂长直截了当地说：“李厂长，我们的设备是一套现代化高新技术刺绣设备，如果您这里技术力量不够的话，那就免谈了，设备到了您那里也是浪费。”

本来正在犹豫的李胜一听这话，马上来了精神：“我们这里的技术力量是最好的，在全国同行业中也是佼佼者，要是我们这里的技术力量不行，您这设备就卖不出去了。”

“我当然相信李厂长的实力，要不然我也不会来找您呀！不过，丑话也要说在前面，我要现款结账。我是着急用钱才把设备转让的，否则，这刚刚进口的这么好的设备我自己还要留着用呢！不知道李厂长能否答应我这个条件，现款结账。如果李厂长感觉为难，我也不强求，我再去找别人。”

李胜一听就急了：“吴厂长，您看不起我！我李胜如果连20万元现款都结不了，我这服装厂就不用干了。没问题，你的设备我要了，我们马上就签合同。”

事例中的吴厂长所运用的激将法，彻底把李胜征服了，她不仅成功地将“休养”了3年的设备以原价转卖给了李胜，还“迫使”李胜以现款结算。可见，激将法在谈判过程中是有一定效果的。

面对着号称百万雄师的曹军，孙权想与之决战，但又举棋不定。诸葛亮说：“曹军势不可当，不如投降算了。”孙权非等闲之辈，乃争强好胜、不甘居人之下的一代英才，听了诸葛亮的话，火一下子就蹿了上来，反问道：“那刘豫州为何不降呢？”诸葛亮说：“刘使君乃汉室之胄，雄才大略，英才盖世，岂能甘心投降，任人摆布呢？”诸葛亮见孙权抗曹之火被激起来，这才详尽地向孙权分析了孙刘联军抗曹的有利条件，最终坚定了孙权抗曹的决心。

诸葛亮并没有说东吴如何兵精粮足、人才济济，也不说地势如何险要，而反说曹军如何势大，假劝孙权投降，这样就激起孙权争胜、不甘寄人篱下之心，完成其联吴抗曹的任务。诸葛亮在这里用的就是激将法。

在使用激将法时，主要是通过语言来刺激对方，千万不能为了实现自己的目的而甩脸子、拍桌子，这不仅有损自己的风度，还可能让对方心生厌恶，拂袖而去。因此，应该对谈判对手采取一些有节制的刺激，要掌握好时间和火候。

逼得紧了，可能彻底将对方激怒，而让谈判无法进行下去。话说得浅了，对方又有可能不买你的账，达不到想要的效果。至于火候的掌握，要求谈判人员足够细心，通过语言侧面探询或是从外围了解的方法，摸透对方的心理，然后迅速出击，直击对方的软肋，到时便必胜无疑。

与此同时，使用激将法也要看清楚说服的对象、环境和条件，不能随意滥用。一般来说，对于自尊心比较强的人，比如自负的人、任性的人、好感情用事的人、性格外向的人，就可以运用激将法；而那些自尊心比较弱、敏感多疑、谨小慎微、性格内向的人，容易把反面的话看成是奚落和嘲讽，从而产生情绪低落、丧失信心等消极心理，就不适合运用这种方法。

总的来说，在谈判中适宜地运用激将法的计谋，能解决很多棘手的问题，能够为困境中的谈判扭转时局，打开局面。

49.那些微小的细节，才是决定谈判结果的关键

当谈判的主要交易条件僵持不下时，不妨先谈次要的交易条件。其他交易条件谈妥之时，也就是谈判的主要交易条件被接受之时。尤其是在对方态度强硬的时候，从细节问题切入，通常更具有说服力，会收到更好的效果。

曾有一家美国公司的推销员向一群工程师推销他们公司的电脑打印机。这种电脑打印机每台1.2万美元，价格比较昂贵。推销员一番滔滔不绝的介绍之后，工程师们反应冷漠，一声不吭地冷视着他，这使他非常难堪。推销员心里明白，主要是价格太昂贵。他决定从产品的质量入手，开展一次别开生面的说服工作。

他装作很气愤的样子，用力捶打着电子元件的机箱，它还在工作着；然后他又愤怒地把机器从工作台上搬起来，扔在地上，正好碰到他一只脚；他脱掉皮鞋，使劲甩出去，砸在打印机上，鞋被撞得很远……

这台打印机的价格可是1.2万美元呀！工程师们围了过来，来看这个“疯子”下一步还要干什么。有一位工程师低声说：“让我看看带盘……嘿，瞧呀！一个数码也没有错！”

结果不说大家也自然清楚，价格此时已不是什么问题，工程师们纷纷同意购买此种打印机。试想，如果该推销员一味在价格问题上胡搅蛮缠，决不会有什么结果，但他采用戏剧化的表演，从质量这个侧面进行说服，一下子就收到了独特的效果。

细节决定成败。很多时候，那些微乎其微的细节往往会对事情的结果起

决定性作用。人际交往或者说服中每一处细节都能体现出你能力的高低。细节同样决定着你留给对方的印象，决定着对方是否继续与你交往、保持联系或者是否愿意接受你的劝说。

如果你在交谈中，把一些小细节处理得恰到好处，那么往往会打动人心，并使对方对你的好感倍增。一个小小的细节很能反映出一个人的本性，所以，注重细节也能成就一番大事业。

江波是公司业务部的经理，因为业务需要，出差是江波的家常便饭。每一次出差前，他都会先和合作对象联系，然后到当地会面。几个月前，外地的李经理突然决定要取消合作，江波决定找李经理再进行商谈，希望能留住这个大客户。

当江波到达李经理所在的城市时，发现李经理的手机临时停机了。江波想，可能李经理还没发现自己的手机停机。于是，江波立刻为李经理充了100元话费，并发了一条短信，以示问候："工作别太辛苦，愿您时时都有好心情。"

收到短信后，一直没有察觉手机停机的李经理，这才发现了自己的疏忽。他立即打电话，和江波取得了联系。

江波为李经理充话费的这个小小细节，深深地打动了李经理，没有经过商谈，李经理当即就决定继续和江波合作。

江波并没有刻意去做什么，只是看到对方停机时帮了个小忙。江波是为了尽快能和李经理联系上，节省在外地盲目等待所花费的时间和精力，才做了这件小事。

令江波意外和开心的是，正是这个小小的举动，竟然成功地"说服"了李经理这个大客户。

注重细节，就是要着眼于细微之处。有时候，也许我们只是做了一件很小的事情，却能得到意想不到的收获。细节存在于我们日常的普通生活中，只要你注重每一个细节，那么你就能获得更多的益处。

一些小细节往往能起到决定性的作用，甚至决定你留给别人的印象。所以，虽然交际需要伪装自己，但并不代表可以忽略细节与技巧。

不要小瞧了和别人沟通的细节，就像我们不能忽略打招呼这个简单而最基本的礼貌一样。人的内心里有思想和情感两方面，要想开始进行交流与沟通，都得从最基本的打招呼开始。如果，你连最基本的细节都做不到，那么又怎么应付得了复杂的人际关系呢？又如何在复杂多变的事情中成功地说服对方呢？

在交往时，言谈举止往往是人的内心世界的反映，因此必须注意个人的言谈举止。你的言谈举止可能会使对方喜欢你，也可能会使对方讨厌你，从而会成为说服成败的关键。

你要时时反省、审视自己的举止言行。虽然只是一些细节，平时多加注意，才不致出错，令对方对你产生好感。

交谈中，你能否成为一个受人欢迎的人，和你是否注重交往的细节有很大的关系，不要轻视任何一个小小的动作、行为或语言，这些都有可能对事情起关键作用。那些令人反感、厌恶的小细节往往在最关键的时刻暴露你的大缺点，从而使你的形象在别人眼里受到很大的折损。因此，你必须注重细节问题。

细节有时就在于你为别人小小的付出。比如，在事情原本的基础上为别人多做一点事情，对别人做出细微的关照，这些小事可能会给你带来意想不到的收获。

杨秀是一个从农村来的女孩，没有多少文化，却有着一手缝纫的绝活。为了一家的生计，她在路边摆了个小摊，帮别人做些缝缝补补的活。

一天，一位顾客匆匆忙忙地拿了一件旧衣服，交给杨秀修补。顾客只给了修补衣服的钱，杨秀把衣服缝补好后，又用电熨斗把皱巴巴的旧衣服熨平整后，才交给顾客。

杨秀帮顾客熨衣服，这一个小小的细节让顾客很感动，他说："我只给了你修补衣服的钱，你却帮我熨得这么平整。真是太感谢你了！"

周围的同行都觉得杨秀傻，杨秀却不在意这些人的议论，勤勤恳恳地做着自己的活。

后来，那位顾客把杨秀介绍给了他一个开服装厂的亲戚，杨秀就成了服装厂的工人。

多年后，那些嘲笑杨秀的人，仍然在街上做着缝缝补补的零活，而杨秀却已当上了服装厂的总经理。

细节体现在行动上。一句温暖的话语，一次真诚的握手，一个温馨的提示，都能帮你获得意外的收获。比如，遇人时要充满微笑，哪怕是陌生人，也不能做出一副严肃、冷峻的表情。包括与人握手、与人对话时，都要注意细节。

只有在行动上把细节做得恰到好处，才能在对方心里树立好的形象，从而打动、说服对方。

细节体现在修养上。有时候决定细节的是一个人的修养、胸怀和人格。提高自己的个人素质，提升个人魅力，树立良好的个人形象，获得别人对你的认可。比如，对别人的错误不要当场批评，可以找个合适的时机委婉地指出；在背后坚决不说别人的坏话，等等。这些小的细节都能体现和反映的个人修养和素质。

细节体现在日常生活中的点点滴滴。比如，见过一次面后，一定要记住别人的名字。如果可能，还要对别人的兴趣爱好加以了解，还可以问一下他的生日，并暗暗记在心里。当对方过生日的时候，送上一份对方喜欢的礼物。

在各种有纪念意义的日子，发条短信问候或祝福一下，或者邮寄去你精心准备的礼物。这是你真诚地向对方表示最好祝愿的时机。抓住了生活中的这些小细节，你也许就抓住了人生的机遇。

注重细节需要培养成一种习惯，这是很有必要的。注重细节的习惯会让你在交际时有意想不到的收获。

重细节的习惯，需要你在日常生活中不断地积累和培养。如果你准备得很充分，当机会来临时，你就不会因为不注重细节而失去它。

我们都应该从珍视细节开始。生活中如此，工作中如此，交际中亦如此。在说服对方时，不要总想着用语言去征服对方，有时，细节要比犀利的话语更具有说服力。

50. 当不知道怎么说时，先把话题岔开

在一些对自己不利或者自己难以应对的场合中，巧妙地用语言转移别人的注意力，绕过难说的话来陈述自己的观点，让别人跟随自己思路，这也是一种谈话技巧。在谈判中，如果我们能恰当地使用这种技巧，往往能够有效救场。

比如，当对方说“你怎么这样？我都这样和你说了，你还不通融？难道真的以为我们非要和你合作不可”，显然，这时无论你怎么回答都很尴尬。如果你说“不好意思，你的条件我们公司真的无法答应”，即便你说得非常客气，对方也会因你的拒绝而愤怒，谈判也很可能就此破裂。如果你说“那好吧！但仅此一次”，尽管确实勉强，但对方难免会在心里想“这人真虚伪，说是没有让步的空间，最后还不是让了步！看来决不能相信他的话”。显然，无论是拒绝还是答应，对你都不利。

面对类似这样的尴尬局面，我们不妨将话题暂时岔开，等到谈判氛围以及对方情绪有所缓和后再回到正题上来洽谈。

林子扬是公司的采购部经理，正在就原料供给商因农作物歉收要提高价格的问题与供给商谈判。谈判一开始就进行得很激烈。林子扬认为供给商的要求非常无理，而供给商则认为在情理之中，双方都据理力争。

“农作物歉收，我们收购的价格上涨，供给价格上涨也是理所应当的！”供给商说道。

林子扬听了直想笑，说道：“农作物歉收就该涨价，那按照你的道理，不是农作物丰收就应该降价？可是去年农作物丰收，你们也没提降价的事啊？

况且，我们是有协议的。”

“的确，我们是有协议，但是协议不变的前提是无特殊情况，现在情况特殊！”供给商毫不客气地反驳道。

“农作物歉收就是特殊情况？你们这根本就是借口，是赤裸裸地无视协议，是不诚信。”林子扬说道。

听了林子扬的指责，供给商心中的怒火也熊熊燃烧起来，他死死地盯着林子扬，一言不发，仿佛在压抑着什么。

在供给商的目光中，林子扬渐渐地冷静下来，意识到了自己的失态。

“你的态度就代表贵公司的态度吗？”供给商开口问道。

刹那间，林子扬不知如何回答。不过，他很快找到了应对方法。他从饮水机的柜子下拿出纸杯，接上水，一杯给自己，一杯给供给商，说道：“天气真热啊！开着空调还是让人一身汗。你也热了吧？喝杯水！”

供给商经过一番唇枪舌剑，喉咙都快冒烟了，也不客气，拿起水杯喝起水来。一杯水下去，供给商的情绪平缓了不少。

“我知道，贵公司提出提高价格的要求，也是因为碰到了难处。但是，请贵公司也体谅我们的难处，现在经济越来越不景气……”

……

就这样，林子扬和供给商又重新回到了正途。最后，双方各让一步，林子扬同意供给商提高价格，而供给商则承诺渡过难关后，立刻将价格降低。

谈判中，眼看好好的商务洽谈就要变成争吵，面对如此紧急的情况，林子扬聪慧地把话题转换到天气上，从而让彼此的情绪都缓和下来，为进一步谈判奠定了良好的基础。

总的来说，尴尬、紧急、你不知应该说什么时，就岔开话题吧。这样做不仅能够缓和谈判的气氛和双方的情绪，而且能够为自己赢得思考的时间，以便更好地进行接下来的谈判。

51.有些话不能明着说，“明人”也得做做“暗示”

俗话说“明人不做暗事”，意思是说，光明正大的人，行为也是光明正大的，不会去做那些见不得人的事。不过，“明人”虽然不能做“暗事”，却应该在说话的时候懂得做“暗示”。也就是说，聪明的人在说话的时候，不会将所有话都挑明，而会根据情形，适当做一些暗示。懂得在与人说话的时候适当做些暗示，而不要事事都明说，也是讲究说话艺术的一种表现。

试想，对于说话人来说，并不是所有事情都适合挑明了说出口的；而对于听话者来说，委婉的暗示，当然比“明晃晃的揭露”更易于接受。比如，当一个上司想要劝退一名员工的时候，他当然不好直接说“你去辞职吧”，而要经过一些铺垫和暗示，让员工明白上司的意图。这为上司和员工都保留了面子，也让员工接受起来相对容易一些。再如，妻子希望自己的丈夫再上进一些，若直接说“我想让你挣大钱”“你应该和谁谁一样，做个老板”，可能会让丈夫觉得妻子对自己不满，从而影响双方的感情：但若采用暗示的方法，告诉丈夫“自己感觉很幸福，但若再有一个大房子（或者其他目前没有的东西），那就会更幸福了”，这样聪明的丈夫就知道自己该更加努力工作，为自己的家庭而拼搏了。

因此，无论是在职场还是在家庭生活中，总有很多话是不能随口乱说的，应学会采取合理暗示的方式，以取得更好的说服效果。

石磊和芳芳原本是一对快乐的情侣，但是参加工作之后，石磊发现芳芳对待工作的态度和自己差别很大。石磊是一个很负责任的人，必须将自己的工作做好甚至做到完美才罢休：而芳芳则有些得过且过，工作中经常糊弄了事，还总是向石磊抱怨自己的上司太苛刻。另外，石磊追求上进，进公司两年已经连升两级，做到了主管；而芳芳则心甘情愿做一个无名小卒，每天混日子等下班。石磊多次劝说无效，渐渐萌生了与芳芳分手的想法。他经过反复思考，给芳芳发了这样一条短信："跟你在一起的时光很快乐，我也希望我们能够一起走下去。但是，两个人要想一起走，就要保持一样的步调，否则迟早会走散。"芳芳也是一个聪明的女孩，面对石磊的暗示，她经过认真思考，回复道："我也觉得我们的步调越来越不协调，但是改变一个人又是一件很难的事情。我想分手也许是最好的选择。"就这样，两人和平分手了。石磊既保持了自己应有的风度，同时也将分手的主动权交给芳芳，给她留足了面子。

相对于直言不讳，暗示的方式更容易被人接受。案例中的石磊很懂得这个沟通原则，因此能够将分手处理得比较平稳。暗示在沟通当中的作用是不可小觑的。如果你希望给别人留下好印象，那么就要在一些比较隐私、敏感的话题上，学会用暗示的方式来与对方沟通。

彼特只身前往一场鸡尾酒会，看到别的人都两两相伴，不禁觉得有些孤单。他无聊地喝着酒，环顾着周围的人群。突然，他看到角落里站着一位十分漂亮的女士，同样形只影单。彼特一下子就被这位女士迷住了，他观察了一会儿，决定过去采取行动。可是，彼特刚刚走近这位女士，还没来得及搭话，就看到这位女士的臀部沾了一些酱汁。他想，可能是谁不小心将酱汁洒在椅子上，而这位女士没有看到就坐了上去。但是，要不要提醒她呢？如果当面说出来，会让她觉得丢了面子，恐怕不会再愿意交流：如果不说的话，被别人发现了，她有可能被人笑话。

彼特左思右想，决定告诉这位女士。他先是很礼貌地打了个招呼，然后赞美道："女士，您穿这条裙子真是太漂亮了，只从身后看，背影就很吸引我了。裙子后面点缀的那朵红花，也真是别出心裁，太有趣、太可爱了！”那位女士一听，回头看了看，勉强一笑，便借口去了洗手间。回来的时候，她自嘲道：“谢谢你的赞美，不过那不是花，而是酱汁。我实在弄不掉，不知你能不能把外套借给我穿？”彼特心中大叫了一声“好”，立刻将自己的外套脱了下来，还将这位女士送回了家。

彼特的暗示十分巧妙，他很懂得人的心理：当人出糗的时候，被别人说出来会感觉很难堪，而自己发现后说出来，则多了几分幽默，少了一些尴尬。因为懂得暗示的好处和方法，彼特赢得了这位女士的好感。

由此可见，做一点暗示并不是什么不磊落的事情，反而更能体现一个人的聪明和智慧，同时也能让你变成一个更令别人喜欢的人。

Part 10

谈判场也有雷区，有些禁忌碰不得

52. 示弱要有度，过度就是失败者

谈判中，“适当示弱，贬低自己”有时也能取到理想的效果。比如，和比较厚道、老实的客户或长期合作的客户谈判时，告诉他们说：“我这个月业绩实在太差了，您要是不帮我那我就惨了。”这样的话会激起他们的同情心理，进而促使他们答应你的请求。

但是你应该明白，示弱的话说得过度了，便会让你的谈判对象认为你是一个“可怜人”“失败者”，进而否定你的能力，认为你没有值得合作的价值，更甚者会形成“答应你的要求是自己仁慈，不答应你的要求也是应当应分”的认知。如此一来，你在谈判中便陷入劣势地位。

武汉一家图书公司想做某知名杂志的代理，但是图书公司老总因为临时有事，便派了一名业务员前去洽谈。杂志社的总负责人很重视这件事，于是亲自接待了这名业务员。

业务员先自我介绍了一番，然后介绍自己的公司说：“在整个武汉图书界，我们公司的实力还是可以的，当然，跟你们杂志社比，那差得太远了。”

总负责人听到这话有点失望：“我们理想的合作对象应该是在整个武汉图书市场上都比较有影响力的公司，不是什么公司都可以的。”

业务员一听，有点紧张地说：“您要相信我们的能力，我们一定不会辜负你们的期望，也一定能做好这个代理工作。能和你们这么好的杂志社合作，是我们莫大的荣幸。我们领导非常希望能争取到与你们合作的机会。”

“每家前来谈判的图书公司都这么说，但是未必每家都适合。像你们这样的公司在武汉一抓一大把，不过我们会仔细考虑一下。”

“那您可千万别拒绝我们，您要是拒绝了，我肯定就被炒鱿鱼了。”业务员恳求道。

“这个我可管不着，你要被解雇了，那是你们公司的内部事务，跟我没关系。”总负责人有点不耐烦地说。

“您就当帮帮我吧，我这个月要是争取到了和你们合作的机会，我就能升业务主管了。千万别让我在这个关头被炒鱿鱼了。”业务员几乎是在乞求。

“小伙子，要是每个来和我们谈业务的人都这么求我们，那我们得找多少代理啊？做生意归做生意，不能随便讲情面，你还是回去跟你们老板如实汇报吧。我还有事，先走了。”

最后，这位业务员失败而归。

这位业务员一再口出示弱之言，先贬低自己的公司，然后再贬低自己，如“跟你们杂志社比，那差得太远了”“会被炒鱿鱼”“无法升职”这样的言语，不仅没有获得对方的同情，反而让对方瞧不起，不愿与之合作。

在谈判过程中，很多人的潜意识里面总有一种折中的思维定式，总觉得自己需要首先让一步或者几步，谈判才能够走向成交阶段。其实，在谈判中首先提出折中并不是明智的做法，因为首先退让很容易让对方得到可乘之机，让自己在谈判中失去筹码。所以，在谈判中千万要记住，不要主动提出与对方的条件进行折中，而要鼓励对方首先提出折中。

比如，当你想要购买一辆汽车，走进一家汽车销售市场时，发现一款自己喜欢的汽车报价是30万元，而你预期的价钱是25万元。于是你在开局时运用了“表示意外”的谈判策略，而这招显然是管用的，对方把价格降低到28万元，那么接下你应该怎么办呢？在大部分人的眼里，这场谈判看起来很简单，他们会出26.5万元的折中价格。同时，他们以为这样的价格对方一定会接受，只要双方做出相同的让步，这次就可以成交。

但是，如果你现在向对方提出："让我们各让一步吧，26.5万元怎么样？"那么你得到的回答很有可能会出乎你的意外，对方如果有一定的谈判经验的话，他会告诉你："我知道你很喜欢这部车子，我们也谈了这么长时间了。其实我们心中的价格差距也不大，我开价28万元，你还价26.5万元，也就1.5万元的差距。我是很有诚意的，不如就27万元吧！"

这就是首先提出折中的结果，对方转眼间就将谈判的空间从25万元与28万元之间，缩小到26.5万元与27万元之间。所以，在谈判刚进入中局的时候，千万不要主动提出折中。聪明的谈判者应该想办法诱使对方先提出折中。在谈判高手的头脑里，没有这样的认识误区：只有价格折中才是对双方都公平的做法。所以，当双方的价格或条件出现差距时，他们不会马上选择中间值，而是给自己留有若干次讨价还价的机会。他们通常会说："我很有诚意的，如果你也想成交的话，那么你愿意接受一个什么样的价钱呢？"如此来诱使对方首先提出折中，这样可以将谈判空间向有利于自己的方向缩小。我们都知道，在谈判中先提出价格或条件折中的一方，实际上就是在主动让步。所以我们应该努力鼓励对方做出妥协，而不是自己先缴械投降。

可见，示弱之言固然能够在一定程度上消除对方的戒备心理，博得同情，对谈判起到一定的积极作用；但如果过度，其弊端就会显现出来，甚至会毁了谈判。示弱之言过度是谈判中的一大雷区，我们一定要警惕它。尤其是谦虚惯了的人，更要谨防被过度的示弱之言毁了谈判。

53.情绪失控，谈判只会走向失败

谈判中，对手经常会使用激将法来促使我们就范。比如故意质疑我们的实力来逼我们提高质量，或者故意透露竞争对手的价格来促使我方降价。如果我们不能对一些让我们愤怒的小事淡然处之，那么就可能使自己身处危险之中。

传说中的吸血蝙蝠，不过是一种不起眼的小动物。它生活在非洲草原上，靠吸取动物的血生存。人们之所以对吸血蝙蝠心怀恐惧，是因为它虽然身体极小，却是野马的天敌。吸血蝙蝠在攻击野马时，首先附在马腿上，同时，用锋利的牙齿极敏捷地刺破野马的腿，然后用尖尖的嘴吸血。但是吸血蝙蝠所吸的血量，对于强健的野马来说是微不足道的。而导致野马死亡的原因，正是野马自己的愤怒。

被吸血蝙蝠叮咬的野马常常表现为暴怒、狂奔。然而，无论野马怎么蹦跳、狂奔，都无法驱逐吸血蝙蝠。它们可以从容地吸附在野马身上，悠然地吸血，直到吸饱才满意地飞走。而暴怒的野马越是奔跑，血流得越多，最后就在愤怒中无可奈何地死去。

野马为了甩掉附着在自己身上的吸血蝙蝠而暴怒、狂奔，最后送掉了自己的性命。所以，真正害死野马的，其实并不是小小的吸血蝙蝠，而是野马自己暴怒的习性。如果我们在谈判中也像野马一样，那么很可能在冲动的驱使下进入对方的圈套。

情绪失控是谈判场上的一大错误，它会让你说错话，轻则得罪人，重则完全毁坏自己的谈判。因此，谈判桌上一定要控制好自己的情绪。特别是在双方因为小问题而争吵，或对方态度不够和气时，更拿捏好自己的情绪，以免因为激动而把话说得难听，或说得太绝。

很多谈判者不注意这一点，他们常常会为了一个小问题而在谈判场上大发脾气，或与对方陷入激烈的争论中。相信下面这个事例能给你一定的警示。

一家制鞋厂最近要生产一批新鞋，所有原料都准备妥当，就差胶水。老板对胶水的要求很严格，既要黏性好，又要刺激性气味最小的。选来选去，老板终于找到自己满意的胶水了。

他直接找到这家胶水的生产商进行谈判，对方知道来意后，有点骄傲地说："我们的胶水是业界最好的，所以它的价格也不菲。"

尽管对方态度有点傲慢，但鞋厂老板还是很和气地说："早已听闻，但是一分价钱一分货嘛。"

对方见状，便直接问鞋厂厂长："您想买多少胶水？"

鞋厂厂长回应说："我们厂现在要生产一批好鞋，数量比较大，所以，对胶水的需求也大。我们买得多，不知道价格可不可以低一点。"

对方毫不让步地说："买再多也不能少。"

鞋厂厂长有点生气，但还是压抑住了脾气，说："一般购买数量多的话，都能适当调价的，您再考虑考虑。"

对方没好气地说："你以为我们的胶水是一般的廉价胶水啊，说降价就降价？"

这话让鞋厂厂长生气极了，他心想，不就是生产了一款好一点的胶水吗？就这么大架子，说话时处处不饶人。他很激动地拍了一下桌子说："我是诚心来跟你谈生意的，你摆什么臭架子？"

此话一出，对方顿时被怔住了，转而说："我哪里摆架子了，你这么大的不满情绪我们怎么谈？”

鞋厂厂长气还未消，见对方把问题都推到自己身上，更加气愤了，于是毅然决然地说：“不要以为只有你们会生产胶水，市场上生产好胶水的厂家一抓一大把！”

对方也不饶人，暴跳如雷地说：“那就不要买我们家的好了！”

“就你这样的态度，不买就不买！”鞋厂厂长回答说。

结果，本来很有希望的一场谈判不了了之了。

看，这就是情绪失控的后果！它会让你顿时火冒三丈，话里带刺，失去原有的礼貌与风度。谈判桌上，很多谈判者也常常会这样，或图一时口快，或为一解心中之气，结果直接放大或激化矛盾，最后直接导致谈判的失败。殊不知，因为别人的言辞而改变自己的说话方式和失去理智是非常愚蠢的。退一步海阔天空，宽容点，情绪就不会失控，谈判就不会被吵架或辩论取代，而你也不会让谈判失败。

那么，谈判中怎样才能避免情绪失控，使自己陷入争吵或辩论中呢？以下为大家提几点意见。

谈判前做充分的准备，“自己要说什么”要心里有数

虽然说计划赶不上变化，但是，没有计划，就只能任由变化牵着鼻子走。谈判中，你为什么会情绪失控，说到底，还是因为你没有准备好。没有充分的心理准备，一旦有什么东西惹怒了你，你就承受不了，就会失控。假如事先有个准备，能撑大心的容量，那么谈判场上对方怎么为难你，乃至羞辱你，你都能做到大方地、有礼貌地还击他。

因此，清楚“自己要说什么”至关重要。“自己要说什么”所关注的不仅是谈判的内容，还包括怎么和对方说，怎么说才言简意赅，怎么说才能用最简短、直白的话表达出最明确的意思，对方向你提问时你该怎么回答，对方设

陷时你该怎么守口如瓶……

适当自嘲，转移话题，及时缓解不良情绪

当你发现自己情绪失控时，要及时化解它。转移话题是比较好的方式。

在一次重要的谈判中，惠普公司的前任女掌门人奥菲利亚的衣服忽然掉了一粒扣子，顿时衣服裂开了，对方见状，忍不住笑了。奥菲利亚很尴尬，也很恼火，但她没有发火，反而开了个玩笑说："时代的跃变要求我们跑步前进，当我想解开衣服奔跑时，发现自己没穿运动短裤。好吧！让我们赶紧结束这个谈判，好让我回家换个短裤。"顿时，她的尴尬化为无形，而谈判也圆满结束了。

平静下来，听听对方怎么说

当谈判变成争论时，对方的情绪可能也变得比较激动了，这时候，不妨冷静下来，学会聆听，听听对方怎么说，理解对方发火的理由，你可以问问对方："您先说说您的看法。"这样一来，对方能充分地感觉到你的尊重，自然而然，争论也会平息下来。

54. 掌握信息不足，莫要仓促作决定

谈判中，掌握的信息不足是一大缺陷，它很可能是导致你谈判失利的主要原因。这时候，最好的办法，就是喊停。

不过，谈判中，很多人都会走进“在了解不充分的情况下就匆忙作决定”的误区。手上的信息不足时，却还不知道喊停，反而仓促地作出某个决定，或急于促成谈判。显然，这时作出的决定必然是不利的。谈判中，我们应当尽量绕开这一误区，以免让自己陷入被动的劣势地位。

要知道，作为一个谈判者，你的首要目的是尽可能地维护公司的利益，尽可能地为公司争取利益。因此，信息不足，需要做进一步了解时，就应当喊停，中止谈判，不然，就可能后悔莫及。

肖鹏飞在一家中等医院工作，他是医院采购部的业务员。一次，部长派他出差去长沙购买一批中成药。部长只要求采买数量，价格得肖鹏飞自己去谈。

到了长沙这家制药厂后，肖鹏飞开始和对方的负责人正式谈购买价格。对方给出的价格和市场上差不多，这完全在肖鹏飞的意料之中。购买价格谈得差不多时，肖鹏飞提出要看看药品。

没想到对方说：“药都装成箱了，都是好药，这你可以放心。”

肖鹏飞想，还是眼见为实的好，便问道：“那总还有没有装成箱的散药吧？”

对方似乎早有准备，于是不紧不慢地从一个空箱子里翻出一瓶样品，递给肖鹏飞说：“还好留了几瓶。”

肖鹏飞一看，药瓶上那层产品介绍标签被撕掉了，还是无法全面地了解药品信息，但他没有乱了方寸，而且不紧不慢地打开药瓶，闻了闻药味儿，说：“是我们要买的药。但是，标签怎么被撕了？”

对方赶紧解释说：“正好这瓶粘得不够牢，掉了，所以被挑出来了。”

肖鹏飞听他这么说，越发觉得可疑，于是便坚持说：“能不能拆一箱让我确定一下？这样我也放心，要是药没啥问题我们好尽早下订单。”

没想到对方一口拒绝了，推说：“没有领导批准是不能拆货的。”

肖鹏飞这下确定了，药肯定有问题，心想，肯定不能这么仓促就跟对方签合同，必须再了解一下这批药，于是找了个借口说：“我刚下火车就来你们这儿了，一晚没怎么睡，我先回宾馆休息休息，明天咱们再谈，怎么样？”

对方试图挽留，但见肖鹏飞确实很憔悴，于是没有再强求。

离开后，肖鹏飞立即找业内的几个同行帮忙打听这家制药公司的这批药，最后知情人士透露，这批药的有效日期快到了，为了赶紧处理掉，所以他们采取了这样的方式。

知道这一消息后，肖鹏飞倒吸了一口气，暗暗为自己当时的决定感到庆幸。

所以说，了解不足时千万不要仓促作决定。假如事例中的肖鹏飞没有及时找借口脱身，反而急着和对方下订单的话，那他可能就给医院买回一批即将过期的药，后果不堪设想。

谈判中，假如和肖鹏飞一样遇到对方故意隐瞒产品的真实信息的话，不妨学学他的说话技巧，不断发问，不达目的不罢休，假如对方还是不肯让你了解，那就喊停，找个合适的借口中止谈判。

当然，一场谈判是要继续，还是要暂停，也不是你一方说了算的，要在双方都同意的情况下才能达成共识。

但如果对方没有这方面的意愿，该喊停时也要喊停，不要迁就对方。这时候你可以借鉴肖鹏飞的方式，说："对不起，我今天不在状态，可能是长途奔波累了，能否给我点时间，我先休息一下，咱们改天再谈？"然后你可以利用这休息的时间去获取信息，去了解情况。

当然，对方可能会坚决要求继续谈判，这时候，你也不可仓促作决定。如果你是公司的业务代表，你可以找借口来推托，比如说："此次合作的决定权还在我们领导身上，请您再给我点时间，让我们领导好好考虑一下。"假如你就是公司的负责人，你也不是没有办法拖延，你可以说："这个项目事关重大，我需要召开一下董事会，听听所有股东的意见，然后再作决定，劳烦您再耐心等待一下。"

55. 谁都需要尊严，拒绝的话不要说绝

每个人都有自己的自尊。在谈判桌上，不善谈判的人有时为了照顾别人的心情，不好意思说出自己的真实想法，结果使自己陷入了进退两难、骑虎难下的境地。

当然，给别人留情面很重要，但是，在照顾别人的同时也不能委屈了自己。很多时候，只要我们学会了说“不”的方法，就可以把事情办得两全其美：既顾全了别人，也成全了自己。

三国时的华歆十分有才华，曾经在吴国的孙策手下任职。后来，孙策的弟弟孙权接替了孙策的职位，但是他并没有孙策的抱负，只想偏安江东，不图安定天下。与此同时，曹操掌握了北方的兵权，挟天子以令诸侯，积极招揽天下的人才，华歆更是曹操盛情邀请的人才之一。于是，华歆决定离开江东去投奔曹操。而他的朋友、同僚听说他要另谋高就，纷纷登门拜别，并且带着厚重的礼物，前后加起来，大概有数千人，仅是馈赠的黄金就有数百斤之多。华歆的心里一方面不想接受这些礼物，因为自己无功不受禄；另一方面又不好当面拒绝，因为这样会让朋友们觉得自己不近人情。于是，华歆选择了来者不拒，将朋友们所赠送的礼物一概收下。等客人走后，他就让自己手下的家人将送礼人的姓名写在礼物上，原封不动地收起来。

正式出发的日子到了，华歆家里热闹非凡，亲朋好友都来送行，华歆则隆重地设宴款待。等到酒宴接近尾声的时候，华歆对所有的客人说：“我本来不敢拒绝大家的好意，却没想到自己竟然收到了这么多的礼物。可是，考虑到

我这次单车远行，带着这么多贵重的物品，恐怕太危险了。所以，各位的好意我心领了，至于这些东西嘛，还是请大家各自带回吧。”

众人听了华歆的话，知道他是为了顾全大家的尊严，于是只好将自己的礼物带回，并且都颂扬华歆的高尚美德。

华歆因为要保持道德的高尚，所以不想接受亲友的礼物；但是为了顾全亲友的情面，又不能直接拒绝。于是，他转了一个弯子，含蓄地拒绝了众人的礼物，大家不但没有责怪他不近人情，而且都对他的做法敬佩有加，这就是古人拒绝的艺术。我们今天在谈判桌上也要注意自己说“不”的态度，既不能唯唯诺诺，又要在拒绝对方的同时，给对方足够的尊严。

如果想要拒绝与对方合作，也不要把话说得太死，类似“我们绝对不会跟你们合作”“要是我们会跟你们这样的公司合作，那太阳都从西边出来了”这样的话不要说。你可以委婉拒绝，如“要不这样，你们把资料和联系方式留下，有消息我们通知你”“我们需要一点时间考虑一下，有结果我们会第一时间通知你”。把话说太死，轻则让自己尴尬，重则会让公司错失良机，蒙受损失。

某市某服装公司最新设计的冬装款式新颖别致，一上市便十分抢手。因此公司决定再购进一批原料批量生产。这个消息不胫而走，很快该市和外地的几家毛纺厂的推销员便来到该公司洽谈业务。

该公司立即派出采购科的业务员小李跟对方进行谈判。在洽谈过程中，小李了解到，这家毛纺厂最近不是很景气，就连他们的老客户，也纷纷离他们而去。

小李想，这样的毛纺厂，怎么能合作呢！于是他对毛纺厂的业务员说：“您可能要白跑一趟了，因为我们已经和一家毛纺厂签订合同了。”

毛纺厂的业务员见多识广，知道小李这是推诿之词，便试图打消小李的顾虑："我们厂以前在业界很有名，后来因为被卷入一起经济纠纷中，导致信誉受损，其实我们的实力是不赖的。我们的材料绝对是有保障的。不信，你看看，我特地带了一些原料来。"这位业务员边说边从自己的背包里掏出几块上好的原料来。

原料确实是上乘的，但小李还是觉得这家毛纺厂不够可靠，况且，还有几家不错的毛纺厂可供选择，所以不必去冒这个险。于是他很不耐烦地说："你也别费劲了，就算你们的原料是最好的，做工是最精细的，我们也绝对不会跟你们厂合作。"然后准备送客。

这家毛纺厂的业务员很无奈，但他还是做了最后一次努力，递给小李一份关于他们厂的详细资料，还有他自己策划的合作方案，然后微笑着说："既然这样，我也不勉强了。我把这个留下，如果你们改变主意了，请跟我联系，谢谢。"

小李没再说什么，接过对方的资料，随手扔在了会议室，不料被经理看到。经理立即向小李询问情况，小李大致说了那家毛纺厂现在的处境，以为经理会同意自己的做法，谁知经理却说："不用再和其他毛纺厂谈了，就这家了。"

小李只好硬着头皮联系了那位业务员："不知道你有没有空，方便的话，过来谈谈合作的事。"

业务员立即反问了一句："你不是说不论如何都不会跟我们厂合作吗？"

这让小李有点尴尬，他很不好意思地说："抱歉，我把话说得太绝了，差点错过了你们这么好的毛纺厂。"

小李为自己的那句"我们绝不会和你们厂合作"而感到难为情，只好硬着头皮去道歉。好在经理及时发现了那份资料，加上这家毛纺厂也需要这次机会，所以才没有让公司错失良机。假如对方是比较得势的厂，那小李也可能会因此而完全毁了这场谈判，让公司失去一个获得更多利润的机会。

这就再次证明，商务谈判中不能把话说得太绝对。把话说得太绝，很可能会“搬起石头砸自己的脚”。商场是瞬息万变的，你永远不知道下一秒会发生什么；况且，人难免会有决策失误的时候，你永远不能保证自己的做法就完全是正确的。为了避免陷自己于被动、不利位置，不妨让语言帮你一把——说话委婉，才能给自己留足后路，使自己进退自如，这才是赢得谈判、实现共赢的明智之举。

56.谈判决不能掉以轻心，“免费午餐”大多是陷阱

日常生活中，我们经常可以看到各种各样的行销花招，如交几百元话费后免费送手机，但前提是你这个号码得用三年，或者你这几百块钱话费要分数月甚至是十几个月划拨给你……

为了谋取最大的利润，商家可谓是煞费苦心。但是，他们采用的招数往往有一个共同点——先给你一点甜头，让你被顺利得到的“免费午餐”迷昏了头，然后再从你身上赚取利润。

谈判场上，对方也可能会采用这一招——给你甜头，迷惑你，让你觉得谈判很顺利，因而放松警惕，从而心甘情愿地被牵着鼻子走。比如，对方一而再、再而三地退让，无非是想让你尽快进入圈套，掉入他布置好的陷阱当中。

遇到这样的情况，我们应该用怎样的语言技巧去攻破对方的陷阱呢？让我们先来看看下面这个事例。

老周的水泥厂扩大了规模，急需一批货运卡车，但是由于自己资金有限，无力再购买那么多货车，于是决定找一家运输公司进行合作。

找来找去，老周发现一般的货运公司都不愿意和他合作，因为水泥这种东西，送货的局限性很大，得看天气，也得看地点。碰到下雨天，没有做好防雨措施，必然会有很大的损失，而这很可能就得由货运公司负一部分责任。

就在老周快要放弃的时候，一家货运公司提出愿意跟他合作，对方爽快地说：“可以啊，有生意干吗不接？”

听到这话，老周觉得悬在心上的那块石头落地了，于是坐下来跟运输公

司的老板商量具体的合作方案。

老周说："我们没有别的要求，就是希望在需要送货的时候，你们能及时派货车来帮我们送货。"

运输公司的老板对此没有什么疑问，很肯定地说："这个肯定没问题。"

"我们每次送货量都比较大，所以希望你们能给我们派大货车。"老周以为对方会提出一些异议，没想到他还是爽快得很，一口答应道："没问题。"

这让老周有点不敢相信，他不大放心，但又不好直接问对方是不是打算诚心合作，于是提了一个比较苛刻的要求："假如你们的司机不得空，我希望你们也能借货车给我们运货。"

老周以为对方会觉得这个条件很无礼，会一口拒绝，没想到对方也表示愿意。这让老周更不敢相信了，他放下的心立即又悬起来了，他想，再提一个苛刻的条件，看看对方什么反应："假如遇到下雨天，货物被毁坏了，责任全算你们的。"

正当老周等着对方拒绝这个要求时，没想到对方还是一口答应，接着，这位老板终于提出了他的要求："不过，我们一般都是先付一笔订金，然后再签合同。当然，如果我们合作了一段时间，彼此很愉快，没有什么问题，那我们就会主动归还这笔订金。"

这下，老周完全明白对方的意图了，于是假装很为难地说："很不巧，我今天出门的时候没带这么多现金。正好我现在有事，我先去处理一下，回头我有空再找你谈谈，行吗？"

货运公司有求必应，还好老周有所警惕，并未完全信任对方，为了识别对方的真实意图，他开始提出一个比一个过分的条件来，如"我们每次送货量都比较大，所以希望你们能给我们派大货车""假如遇到下雨天，货物被毁坏了，责任全算你们的"，正常情况下，运输公司都会拒绝，但这家没有，反而爽快答应，并提出“先付订金”的要求，明显是想骗钱。识别对方的这一意图后，老周以“没带这么多现金”为由拒绝了对方，维护了自己的利益。假如他没有保持警惕，也不会运用“提出让对方难以接受的苛刻条件”的语言技巧的话，那他很可能就上当受骗了。

谈判场上，遇到太顺利的地方时，我们也要和老周一样保持警惕，适当提出让对方难以接受的条件去识别对方的真实意图，免得自己吃亏。

总之，太顺利的地方肯定有陷阱，千万不要掉以轻心，即使你是一个非常有经验的谈判高手，也不可大意。要有敏锐的洞察力并保持高度的警惕性，千万不要被顺利冲昏了头，要善用言辞去试探，或用言辞帮自己赢得解决问题的时间，去发掘对方的真实意图，进而作出有效的判断，采取有效的措施，帮助自己赢得谈判，以免完全被对方牵着鼻子走。

Part 11

谈判场上没有敌人，双赢才是最好的结局

57. 站在对方的立场，你的说服才有力量

在我们与人相处时，尤其是在谈判中需要对方接受我们的观点时，无论是苦口婆心，还是威逼利诱，都不如换位思考来得直接有效。只有站在对方的立场上，才能让别人被说服得心甘情愿，这就是换位思考的力量。

在一次谈判课堂上，讲师给学员出了一道题目，要求学员和自己的全班同学谈判，让每个人自愿走出教室外。

第一位学员走上讲台，对全班的同学大喊道："我代表老师命令所有人都离开这个教室，马上！"结果，全班没有一个人走出教室。

第二位学员则走上讲台，对大家说："现在我要开始打扫教室了，不想被弄脏的同学请离开！"结果一部分人离开了教室，还有一部分人仍然留在教室内。

第三位学员想了想，走上讲台，没有说一句话，而是工整地在黑板上写道："各位同学，午餐时间到了，现在下课。"结果同学们争先恐后地向食堂跑去，很快教室里就空无一人了。

故事中第一个学员想通过权威来命令别人，结果以失败告终；第二个学员想通过威胁来说服别人，结果还是没有成功；第三个学员懂得避实就虚，从同学们的心理着手，终于成功地把所有人"请"出了教室。

谈判时，如果双方都能换位思考，那是最好的。可是，一般情况下，彼此都只会为自己着想，会想着"对方应该怎么做"，而不是"自己应该怎么做"。如果双方都这么坚持，必然会让谈判陷入僵局当中。这时候，假如有一

方能说类似“我们重新核算了一下贵公司的运营成本，考虑到你们的盈利情况，我们可以适当调整报价”这样的话，那么僵局可能就会轻而易举地被打破。

任何一个具有战略眼光的谈判者都知道，在谈判的时候决不能太贪心，决不能妄想拿走谈判桌上的最后一分钱。也许你会认为自己获得了胜利，但若是对方感觉你把他打败了，这对于你的长远发展来说并非一定会有好处。

留在谈判桌上的最后一分钱是特别昂贵的，说不定什么时候你就要因为它牺牲更多。因此在谈判桌上留下最后一分钱，甚至去主动关心对方的利益，使对方感觉他也是赢家，这样的谈判才可以达到双赢。要做到这一点，商务谈判中的措辞就要体现出你是为对方着想的。在这方面，我们不妨来学学戴尔·卡耐基。

有一段时间，戴尔·卡耐基每一季度都要租用纽约一家饭店的舞厅十天来举办讲座。后来，这家饭店突然提出要把租金提高两倍。这个时候讲座的票都已经发出去，改变地点是不可能了，但戴尔·卡耐基当然不愿意出这么高的租金，于是便与饭店经理进行谈判。

戴尔·卡耐基说：“听说你们想要提高租金，我感到十分震惊。不过我非常理解你们，因为你们的职责就在于为饭店争取更多的利益。倘若你一定要提高租金，那么让我们拿来一张纸，把它带给你的好处和坏处都写下来。”

戴尔·卡耐基拿了一张纸过来，在中间画了一条线，左边写着“利”，右边写着“弊”。在利的一边他写上“舞厅，供出租用”，接下去他说：“假如舞厅空闲的话，便可以出租供舞会或是会议使用，这是十分有利的。这些活动给你带来的利润要远远高于租给我举办讲座的收入。”

“那么，让我们再来考虑一下它的弊端。首先你无法从我这里得到更多的金钱，相反你能获得的只会更少。但其实你正在取消这笔收入，因为我负担不起你提出的价格，而如果你坚持提高租金，我就只好到其他的地方举办讲座了。”

“其次，对你而言还有一个弊端。我举办讲座吸引了许多有知识、有文化的人来到你的饭店，这本身就是很好的免费广告。你即便是花费5000美元在各大报纸上做广告宣传，也不一定比我的讲座更能吸引人来到这里，这对于你们而言不是非常有价值的事情吗？”

戴尔·卡耐基写下这一利两弊交给饭店的经理，说：“希望你能认真思考一下，权衡一下利弊，然后再告诉我你最后作出的决定。”第二天，饭店经理对他说，他答应只把租金提高1.5倍。

戴尔·卡耐基的每一句话都是站在对方的立场谈论对方的利益，讨论如何才能有利于对方，最后他不但顺利实现了自己要降低租金的目的，还让对方觉得自己从中也获得了许多利益，使他们心甘情愿地与自己达成协议。在这件事情上，戴尔，卡耐基接受了把租金提高1.5倍，而不是一点都不肯让步，也是在谈判桌上给对方留下了一些东西，这样才赢得了谈判最后的成功。

可见，要想有效实现共赢，就应当适当站在对方的立场上去思考问题、去说话，进而促成谈判。千万不可过于贪心，完全置对方的利益于不顾，言辞之间都只顾着自己的利益。

58. 签约之后，谈判才算真正结束

如果有人问谈判中最重要的环节是哪一环，那么签协议应该可以说是最重要的。不论你把谈判的开场、中场、僵持阶段处理得多么漂亮，最关键的还是拿到一纸合同，让自己的努力最终开花结果。但是，当谈判进入最重要的一环，即签合同时，千万不要因为过度兴奋而忽略了对于合同的审查。

曾经有人在签合同时因为一时疏忽而铸成大错，这是因为他们的谈判对手偷偷地修改了谈判协议，致使他们最终签了一份跟原来完全不一样的合同。

当然，一般人在进入签合同阶段时心中常常难以抑制自己的兴奋，所有也就没有耐心去重新审阅一遍合同。更何况，现在的协议动辄十几页到几十页，如果从头审读这么长的协议，就算你有耐心看，对方也不一定有耐心等。

在谈判之时，双方对主要议题往往抱着一个高度认识的态度，但是对于一些细小的协议，比如付款日期、交货式，很可能就会三言两语地带过去，如此一来，就不可避免地出现模棱两可的情况。

对于一个缺少法律保障的合约，如果谈判双方都能非常诚信地执行谈判结果，这当然没有问题，是件皆大欢喜的事情。但是，如果偏偏有人针对这个模棱两可的协议，做出背信弃义的事情来，那就无异于搬起石头砸自己的脚。遇到这种情况，我们能做的要么终止合作，要么狠狠地把对方骂一顿。然而，但凡遇到这种背信行为，若是没有契约的保障，在空口无凭的情况下，想要挽回利益那简直有如水中捞月。

俗话常说："害人之心不可有，防人之心不可无。"谈生意做买卖，总要牵扯到利益问题，难保他人不会在暗处占你便宜，或是因为疏漏细节而造成误会。这种时候，白纸黑字的合约书就是一种保护，足以捍卫你的权益，同时也是在保障对方的利益。

在谈判的最后关头，当谈判双方终于达成一致时，你除了感觉身心舒畅、大功告成之外，当对方拿来协议要你签字时，大笔一挥的神气劲儿，更是让你倍觉潇洒与爽快。可是，在接下来执行协议的过程中，你可能会发现好多问题并没有写进去，而且执行中出现的种种麻烦事，也会让你分不清到底是谁的责任。所以，当胜利在望，当谈判进入收官阶段，一定要放慢走出谈判室大门的脚步，坚持自己拟定谈判的协议或是合约，这样才能赢到最后。

华北某县城的民营小厂研发出一种新型的铸铁技术，并投入生产，行业内的一家大企业听说后前来参观。当同行们看过民营小厂的新技术之后，马上表示非常感兴趣，希望能与该民营小厂合作，共同发展。

当时，这个民营小厂正面临着资金周转困难，自然是求之不得，别人也朝他们投来羡慕的目光，“梧桐树招来金凤凰”了啊。于是，双方在县城最好的饭店摆了一桌后，就正式开谈了。

谈判中，由于民营小厂厂长没什么经验，对于对方的种种要求可以说是满口应允，没多久，小厂就与大企业签订了合作协议。

但是事后，就在这位小厂厂长执行合同的过程中，却逐渐发觉合同中的许多条款对自己这方的发展是极为不利的，比如，合同中有这么一项规定：产品需由对方负责销售，却没有明确界定产品的成交价格和定价方。如此一来，民营小厂不得不把运费都白白地搭进去。这还不是最糟的，就在双方刚合作一段时间后，大企业竟然宣布：由于销路不好，货款要不来，它赔进去的成本需要两家分担。这一结局让民营小厂叫苦不迭，当初签合约的时候，协议上明明写的是利润四六分，并未写任何责任赔偿事宜。

很显然，在这场谈判中，原以为捡了香饽饽的民营小厂，最后不过是在为对方作嫁衣裳。民营小厂的负责人在谈判签约的时候，由于心情激动，抱着一种“受人恩泽”的感觉，再加上自身缺乏合同知识，缺乏对合同深刻细致的理解，在对合同条款还没有弄清吃透的情况下，便草草与人签订合同，等发现合同不公平，甚至上当受骗时，为时已晚。

所以，为了使自己的利益得到充分的保证，一定要争取亲自拟定合约。要知道，合约是记录谈判成功的标志，是检验谈判结果及监督执行情况的重要依据。

那么，在条件允许的情况下，自己拟定合约书到底又有哪些好处呢？

能够清楚表达自己的观点和意见

虽说在商务谈判中，一般不会出现因合约不详而导致谈判破裂的情况，但是由于双方所处立场的不同，关注利益点的不同，对问题理解角度的不同，双方写出的合约往往会有一定差别。所以，亲自拟定合约自然能够清楚地表达自己的观点和意见。

可以选择对自己有利的内容

谈判时，无论双方沟通得多么详细，也可能会遗漏一些细节。如果你是合约起草人，当然会把那些遗漏掉的、对自己一方有利的内容补充进来，而不会过多考虑对对方有利的内容。其实，这并非是存心为之，对方没有特别强调，你也自然会认为没有考虑的必要。

这么做还能在时间上占有主动性

一旦你抢占了先机，占据了主动，就可以决定什么时候写，用什么方式写，以及什么时候递送给对方。再者，也是考虑到发现问题可及时解决。要知道，人是相当怕麻烦的，如果眼前摆着一个现成的提案，而它又不至于太过分，并且关系到的项目无关痛痒的话，多数人都会倾向于说：“好，你说了算吧。”这种时候，多数人会认为，与其和对方坐下来针对某些细节逐一讨论，倒不如选择现有的。换句话说，通过草拟契约，你也能主导很多细节流程的走向。

那么，又该怎样写合约呢？下面3个要领就值得注意。

在谈判中做好记录

在谈判开局和中局，也许还没有涉及谁起草合约的事情，但是，即便如此，你也要在谈判过程中做好记录，并在关键地方做好标记。如果你拥有起草合约的权利，还要记得把对方答应的内容写进去，同时也不能遗漏对对方的承诺，避免产生不必要的误会。

每次都要仔细审读合约

“差之毫厘”很可能就会“谬以千里”。为此，从合约的起草到完稿，每次都要反复地仔细修改。不仅要审读修改部分，而且还要审读全文，并且把原文件和修改后的文件对比着看，检查是否有遗漏之处。

请旁观者审读指正

俗话说：“旁观者清。”很多时候，自己认为已经说清楚的事情别人未必能懂。所以，当你把合约交给对方之前，最好让自己一方的其他成员浏览一遍，若有不当之处，及时补充改正。

在商务谈判中，千万不要贸然签约，否则跌进陷阱里的人很可能就是你。合约是具备法律效力的文件，如果你觉得有模糊不清或是无法苟同的条款，一定要与谈判对方沟通商议，并重新清楚地在合约上注明。

59. 话不在多，但要句句击中对方内心

人际场上，把话说到对方心坎上，才让自己成为受欢迎的人。谈判中，把话说到对方心坎上，才能达到自己的谈判目的。把话说到对方心坎上，就是站在对方的立场上思考、表达。

谈判场上，虽然利益是最打动人心的，但如果你拥有“为对方着想”的精神，你也同样能打动对方的心。一旦在感情上产生共鸣，那么对方也便更乐于接受你的意见了。运用语言与对方进行博弈时，不妨学会这一说话技巧，把话说到对方心坎上，促成共赢的局面。如果你还不相信这一说话技巧的威力，那就先看看下面这个例子。

格森是位犹太人，他在日本开了一家清酒公司。在他的精心经营下，公司越办越好，规模也越来越大了。不久，公司又开发了一种新产品。为了扩大新产品的销售规模，格森亲自做起了推销工作。一次，他遇到一个潜在的大客户龟田，这个客户在日本开了数十家连锁饭店。格森想把自己的新产品推销给他，但是，格森多次上门去拜访都被拒于千里之外，每次不是被龟田冷漠对待，就是被敷衍了事。

但格森没有放弃，这次，他又去拜访龟田，可是，刚走进龟田的办公室，还没来得及跟他打招呼，就听到龟田冲他喊道：“你怎么又来了？我不是跟你说过我对你的酒没兴趣吗？你赶紧走吧，别来烦我。”

龟田这般对格森，格森不但没有扭头就走，反而像老朋友一样关切地问道：“龟田君，你怎么了？每次我来拜访你，都恰巧是你情绪不好的时候，真

是不赶巧。你是不是有什么不顺心的事？能和我说说吗？”

听完格森的话后，龟田平静了许多，脸上的怒气也消散了不少。过了一会儿，龟田叹了口气，说道：“你猜对了，我最近确实很不顺，我精心培养的几个员工被我的竞争对手给挖走了。就为这个，没把我气死。”

格森听了，安慰他说：“哎，龟田君，咱们是同病相怜啊。我为了推销这款新产品，也精心培养了一批推销人员，结果全都被挖走了，现在只剩五六个了。”

说到这，两人像两位老友一样诉了一番苦。最后，格森站起来对龟田说：“好了，龟田君，咱们都别为这事烦恼了。正好我车上有一箱清酒，就是我们这批新产品，我去搬来，送你喝，解解愁。等你啥时候心情好了，再喊我来喝一杯。”

龟田的心情已经好了很多，于是欣然说：“好吧！那你先搬一箱让我尝尝。不过，真的很感谢。”

格森说：“谢什么，也就一箱酒，您要是喝着觉得好，就订点。反正，你尝过后再说。”

两个星期后，龟田主动打电话给格森，表示自己要与之合作。

从头到尾，格森都不像在与龟田谈生意，倒像是在聊天。但其实他是在谈判，并且达到了自己的目的。他的每一句话，如“你是不是有什么不顺心的事？能和我说说吗”“我去搬来，送你喝，解解愁”“反正，你尝过后再说”，都是站在龟田的角度上讲的，都能讲到龟田的心坎上，最后不但让龟田消了怒气，还让龟田决定购买自己的酒。“把话说到对方心坎上”这一说话技巧的威力从中可见一斑。

与人谈判时，唇枪舌剑不过是为了实现自己的谈判目标，说多说少，说来说去，都是为了服务于这一目标，针锋相对是说，说到对方心坎上也是说，与其让前者为自己设置障碍，何不让后者帮助自己扫除障碍？

那么，如何才能把谈判融入聊天中，说到对方的心坎上呢？

要察言观色，见机行事

对方情绪不好时，就不要说："你有脾气我也有脾气，你们有你们的要求，我们也有我们的原则。"相反，你可以说："不知道是哪方面的要求我们没有达到？能帮我们指出来吗？"等对方态度有所缓和时，再说："我们也希望你们能赢得最大的利益，因此，不管有什么异议，都希望你们能及时提醒一下，然后我们再做更改。"

说话时，过于主观的词语、句式要尽量减少

比如"我们觉得""我们认为""我们需要""我们不能"……这只会扩大彼此的距离，让彼此觉得疏远。这时候，再怎么说话，也难以让对方觉得亲切，更别谈说到对方心坎上。

说话之前，先站到对方的立场去想想

比如，当你和对方谈论价格的时候，你先想一下，假如是你，听到这个价格时，你能不能接受；当别人告诉你价格时，你觉得他怎么说你更容易接受，然后再用对方听着更舒服的方式去表达，比如："做生意嘛，大家都不容易，你也比较辛苦，所以我们决定给出××价！"

60. 不要忘记向你的对手表示祝贺

什么才是成功的谈判？那就是在谈判之后，你让对方感觉到他赢了。也许很多人对于这个想法都不敢苟同，但是你也可以把这种向征服者表示祝贺的做法当成是一种礼节。当你的对手和你谈判之后有了这种胜利的感觉，他往往自鸣得意，也就不会去计较一些小的得失。也就是说，当你在谈判结束后，无论你感觉对方的谈判技巧有多么糟，你也要记得祝贺，尊重对方是谈判的基本要求，如果你连这一点都做不到，那么就没有合作的可能和必要。

一个完整的谈判过程，包括开始、进行与结束三个方面。对于这三者，一个优秀的谈判者应该懂得如何兼顾。谈判开始时会格外注意措辞，谈判过程中会努力掌握好说话技巧，谈判结束时该注意的地方绝不会疏忽。但是，很多谈判者还不够优秀，他们对于谈判的开始阶段和进行阶段可能会格外注重，而对于结束时该注意的地方却往往会忽略。

其实，谈判结束后，还有很多话需要说，比如，与对方握手相互表示祝贺，离开时与对方微笑告别……这一环节注意了，能帮助你给对方留一个好印象，即使此次谈判没能促成合作，实现共赢，那也能为下次谈判埋下伏笔。

公司有一批新产品已经投入生产，马上就可以上市了，本来是件开心的事，但是既要忙于时尚服装又要忙于珠宝的王董却很忧虑，因为公司还没有找到合适的明星作为代言人。

王董关注了一段时间，终于选中了自己满意的代言人，但是王董中意的明星却总是没空，终于等到她有空了，王董立即动身亲自去洽谈。不巧的是，这位大明星已经答应帮另外一家珠宝商代言产品了，她明确告诉王董说：“真的很抱歉，我不能同时代言两家同类产品，这不利于你们的发展，也有悖于我的职业道德。不过真的很感谢您，能给我这么好的机会。”

听到这话，王董着实很失落，但他还是面带微笑地说：“没关系。我们迟了一步。”离开前王董还起身握手，友好地说：“谢谢您能抽时间来见我。也祝贺您能为××珠宝代言，希望以后您也能为我们代言。”

这位女明星以为王董会冷漠地离开，没想到他竟然友好地加以祝贺，这给她很大的触动，便回以真诚的微笑，说道：“一定。”

后来王董想为自己的服装换位代言人，这次，他还是很希望那位女明星能帮忙代言，于是便亲自去和对方谈，没想到这次很顺利，女明星一口就答应了，还说：“上次没帮您代言您的珠宝，真是很抱歉。这次我就恭敬不如从命了。”

让王董更高兴的是，由于这位女明星是当红女明星，因此，她代言的服装销量直线上升。

王董起初在谈判结束时的一句小小的祝贺、一个友好的握手，给这位女明星留下了深刻的印象，赢得了她的好感，让她在第二次合作中欣然答应，最后实现了双赢。这就是“道贺”的魔力。

谈判结束阶段，别忘了跟对方道贺，即使这次谈判没有成功，你可以对他们跟别人的合作表示祝贺。如，“虽然我知道，我们并没有争取到理想的结果，但很幸运的是，你们让我们从中学到了很多东西，谢谢你们，也祝贺你们。”

当然，假如你们促成了合作，那更要道贺，你可以说：“预祝我们合作愉快！”你也可以说：“久仰你们的大名，今天算是开了眼界，佩服你们，也恭喜你们！”

当然，道贺的话也不是越夸张越好，更不是赞美对方的话越多越好，相反，贵在真诚，应点到为止。假如对方在谈判中的表现略胜一筹，不妨心悦诚服地表达自己的赞美，同时送上自己的祝贺，这样对方听着舒服，也会深深地记住你的礼貌、周到与谦虚。

总而言之，谈判结束后，要记得向对方道贺，注重这一细节，对未来的双赢合作有益无害。

61. 给对方带去利益，共创双赢的未来

要想在谈判桌上说服别人，往往就得相应地给对方带去一定的利益。有时候虽然不能马上给人带去现实的利益，但至少也要让人看到自己的利益，或者是许诺给对方以利益，这样才能更好地打动别人。

法拉第是发电机发明人，没有他，英国第二次工业革命就很难掀起狂潮，也就没有今天繁华光亮的世界。而他之所以成功，与他争取到政府的资助关系重大。

那时候，法拉第由于没有足够的经济来源，在研究发电机的过程中，遇到过严重的经济危机，如果没有人资助他，那么研究就只好放弃了。他想了好久，最后决定向政府寻求研究资助。

当他带着一个发电机的雏形，求见英国首相史多芬，满腔热情地向史多芬讲述着这个划时代的发明时，对面的史多芬的反应始终非常冷淡，对他的发明创造没有表现出丝毫的兴趣。

法拉第知道不能说动史多芬，政府的资助肯定就没有戏了。眼看史多芬对这种科学研究没有兴趣，于是他灵机一动，就说起了这种发明将会带来的收益说："首相，这个机械将来如果普及的话，必定能大大增加全国的税收。"

史多芬听到能够增加政府的税收，于是马上就来了兴趣，开始认真地询问这个发明的不相关内容。就凭那一句话，首相改变了初衷，最后拨给了法拉第一笔不小的研究费用，让他完成了这个改变世界的发明。

法拉第求助史多芬，费尽心思也没有能够把他说动，但是让他看到资助自己将会取得政府的巨大收益后，终于成功地获得资助。

在商务谈判中也是同样的道理，如果我们能向对方阐释清楚“利益均沾”的道理，那么便能拉近彼此距离，让氛围和谐起来，谈判也将进行得更顺利。

据说，希尔顿在建造达拉斯希尔顿饭店时，曾经因为资金不足，被迫停止了施工。

为了顺利施工，希尔顿只好找到他的房地产商——杜德。

杜德听到希尔顿面临的困境之后，只是事不关己地回答了一句：“那只好停工了。”

希尔顿说：“但是这样下去，您的损失比我还大。”

杜德听到自己的利益即将受损，立即说：“你这是什么意思？”

“假如我的饭店停工的话，势必会对你的地价造成影响。假如我趁这个机会宣扬一下，我之所以停工了，是因为盖在这里不好，我想另选地点，那你的地皮就会变得不值钱了。因为很少有人会相信我会没有钱……”

杜德认真思考了一会儿说：“所以你来找我的目的是什么？”

“我有一个互惠互利的方法，就是你出钱帮我把饭店盖好，然后我再花钱向你买。”

杜德疑惑不解，希尔顿解释说：“意思就是说饭店你来盖，再卖给我，我分期付款给你。更重要的是，只要饭店继续盖下去，附近的那些地都有增值的可能，如果我再帮你宣传一下，到时候你一定不会吃亏。”

虽然希尔顿的这种手段有点近乎耍无赖的感觉，但是他说的都是事实，所以杜德只好同意了希尔顿提出的条件。

在上面这个事例中，希尔顿在谈判时始终围绕彼此“利益”的关系在说，让对方充分意识到了合作的益处以及不合作可能给自己造成的损失，这才在谈判中取得了成功。

试想，如果希尔顿自始至终都围绕着“你必须借钱给我”这个中心说服杜德，说自己多么迫切地需要帮助，说自己会记住这份情谊；而不告诉杜德这样对他来说有什么好处，不这样做又会有什么坏处的话，杜德是绝对不会动心的，相反，他可能会始终保持一种事不关己的态度。

谈判中，我们也不妨明确地告诉对方双方合作后，彼此的利益都会增值。而只要真诚地向对方阐释清楚“一荣俱荣，一损俱损”的道理，就很容易拉近双方的距离，促成协议的达成。

62. 信守承诺之人，才是谈判桌上的常胜将军

孔子曾说“民无信不立”，如果一个人如果没有了诚信，就等于没有了立足之地。鲁迅也曾说过“诚信为人之本”，意思是说诚信是做人的根本。因为，无论是在谈判桌上还是在生活中，一个有诚信的人才能得到别人的信任，才能使自己的路越走越宽。所以，无论是在什么样的情况下，我们都要遵守自己在谈判桌上许下的诺言，一生中以诚立世，以信服人。

几年前，李明开了一家小型的印刷厂。现在他已经是一个非常富有的人，并且拥有一个美满幸福的家庭，还拥有一家规模很大的印刷公司。在同行眼中，李明是一个很受敬重的人，原因就是他很有责任感。

有一次，李明的朋友约他去钓鱼，顺便问起他成功的原因是什么。李明很谦虚地说：“我的家庭很保守，每个礼拜天我们全家都要去做礼拜，然后回家吃饭，接着父亲就会给我们讲讲《圣经》上的故事。”

朋友好奇地问道：“那你父亲都讲些什么呢？”

李明说：“父亲会用通俗易懂的语言为我们讲解牧师说过的每一个道理，然后举出生活中的很多实例来证明偷盗和说谎是不道德的行为。在同父亲的交流中，就能知道父亲特别重视信用的作用。‘言行要一致’是我父亲经常说的一句话。”

李明接着说：“在我上大学时，因为家境贫困，我去一家印刷厂打工，几年的大学生活我都是半工半读过来的。毕业时，我决定开一家印刷厂，虽然我的工厂在很偏僻的郊外，但是我一直遵循父亲对我的教诲。对每位顾客的

业务，我都坚守信用，如果出来的成品达不到顾客的要求，我就重做一遍。此外，我交货的日期也非常准时。即使几天几夜不合眼，我也要信守承诺。就这样，我开始赢利了，只花了两年多的时间我就拓展了自己的事业，并且有了面积更大的厂房和更先进的设备。在这期间我遇到了一个考验。”

朋友问：“是什么样的考验？”

李明说：“有一天，一场大火彻底烧毁了我的工厂。保险公司那边只负责一半的损失，当时我一下子就欠了好大一笔债。”

朋友接着问他：“那你是怎么渡过难关的，你没有宣告破产？”

李明说：“我的律师、会计师和主管建议我宣告破产，但是我没有那样做，而是勇敢地面对我的问题。当时真的很艰难，但最终我还是还清了所有债务，并且重新开始生产了。因为我的一个承诺，所有债权人和厂商都对我非常信赖。他们难以相信，我居然真的有能力偿还所有债务。从那以后，我的事业就开始出现了转机，并且一直一帆风顺。”

这个故事让我们认识到，一个人只有坚守诚信，才能赢得别人的信任，别人才愿意接受和帮助你。试想，有哪个人愿意和一个没有诚信的人交朋友呢？

当别人信守了自己的承诺时，肯定也希望对方重视对自己的承诺，这是一种礼尚往来的互惠表现。在人际交往中如果不重视彼此的承诺，出尔反尔，那么在下一次的交往中必然会阻碍重重。这是永远不变的定律。

生活中，如果我们能重视彼此的承诺，让对方心理平衡，将会得到长远的利益。如果不能做到，就容易背上不守承诺、忘恩负义的罪名，也没有人愿意与这样的人共事。

一位外籍投资者来到中国后，想请相关的工厂仿制一批他手里的样品，但寻找了一段时间却没有发现合适的工厂，他非常沮丧。

后来，事有凑巧，就在他准备回国的前一天，他找到了一家合适的工厂。于是他跟厂长说："明天中午之前，你能给我制造一批样品吗？大概10个。"

厂长看了一下投资者的样品，摇了摇头说："很抱歉，虽然我们可以生产这个样品，但你给的时间太短了，我们无法完成。"

外国投资者感觉最后一丝希望也破灭了，垂头丧气地准备离开中国。这时，一个小工厂的经理拦住了他的去路："先生，我们工厂可以完成你的任务。"

外国投资者不太相信，他从没听过这家工厂的名字，但一时又没有更好的办法，只好答应了。

经理回到厂子里，赶紧联系设计师，他们立刻画图纸，所有员工集体加班，最后终于在第二天中午之前把外国投资者要的样品生产了出来。

"你们居然做到了？"投资者非常惊讶地端详着样品，做得非常好。本来他都不抱什么希望了。

"我们答应了你，就一定要做到。"经理说得非常诚恳。

"好，你们如此重视承诺，我相信我们的合作一定会成功。我在这里保证，一定会大力投资的。"外国投资者也作出了郑重承诺，后来也一直履行着承诺。

就这样，双方因为重视了彼此的承诺，合作也越来越顺利，取得了双赢的局面。

交际就是一个合作过程，别人付出了，心里就希望得到同样的回报。只有重视彼此的承诺，才能一直维持良好的关系，也才能让自己更具有说服力。小工厂信守承诺，赢得了与外资合作的机会；外国投资者信守承诺，最后达到了双赢，合作越来越好。

生活中，有些人不论做什么都能得到别人的信任和支持，而有些人却难以取信于他人。后者通常是因为经常无法做到对别人的承诺，轻易爽约，让对方心里感到不平衡，所以没有人愿意再与他们来往。

每个人都希望别人讲诚信，如果对方一再爽约，让自己失望，心里必然会有怨言，从而不会再接近他们。

在跟人交往时，诚信是一个很重要的筹码，如果周边的人能对我们信守承诺，反过来我们也很愿意重视自己的承诺，这样才能彼此信任，长久地友好相处。而有的人不以为然，忽略了诚信的重要性，慢慢地，大家就不会再给他们承诺的机会，因为他们从来不重视。

有的人在人际交往中，不重视承诺是因为抱着侥幸心理，想凭借自己的小聪明从别人那里得到好处，而自己又吝啬于付出。但是，没有人是傻子，如果经常使用这些小伎俩，就会很快被看穿并遭到唾弃。

如果你不重视对一个人的承诺，他很快会告诉另一个人，如此一传十、十传百，这样你很快就会陷入很悲惨的境地，难以翻身。

没有人交往，没有人帮助，没有人喜欢，那么你的交际就等于走进死胡同。无法得到别人的信任，就什么事也做不成。

所以，在平时的人际交往中，不要为了一时的利益而选择成为不重视彼此承诺的人，因为它最终带来的负面影响是你无法负荷的。诚信就是财富，重视别人的承诺才能屹立不倒，才不会陷入孤立的绝境。

其实，要想成为重视彼此承诺的人并不难，要了解其重要性，懂得其中的奥妙，如此才能时常鞭策自己，成为重视彼此承诺的人。

小罗是化妆品界的王牌销售员，她的销售业绩是全公司最好的，很多新来的员工都想拜她为师。她跟客户的关系都非常好，很多人都是因为跟她关系好而选择了她的产品。

小罗告诉大家，客户之所以这么信赖她，完全是因为她重视彼此的承诺，从不放客户的鸽子。

小时候，妈妈给她讲过一个故事。一个小朋友给全班同学都发了贺卡，他每天都在等着大家的回信。但是很可惜，好多同学都忘记了，只有沉默寡言的同桌还记得，之后他跟同桌成了最要好的朋友。

这么多年来，小罗一直记得这个故事，它时刻提醒她重视彼此承诺的重要性。所以，她才能得到客户的信赖。

只有信守承诺才能得到别人的信任和拥护，才能在大家的帮助下成就自己的事业。承诺就如同跷跷板，如果经常失衡，必然会有一方感到不满，之后，原来的平衡关系也就难以重新建立了。

给别人的承诺，无论如何都要做到，它是一种长期的投资，如果不注意，随时会失去竞争资格。如果因为有困难，实在不能做到，要及时跟对方联系，获得谅解，否则，不仅别人会有所损失，自己失去的也会更多。

有时信守承诺可能会暂时吃亏，纵然这样也要努力去做。吃亏是一时的，获得的机会却是长远的。不管什么原因，不管在什么境况下，都要尽自己最大的努力来信守承诺。

有两个好朋友合伙做生意，刚开始情况很不理想，其中一个人便动了歪心思，偷偷把公司里的钱全部拿走了。后来，很多投资者都来要钱，剩下的那个朋友没办法，他只能说：“大家放心，虽然钱不是我拿走的，但我答应给你们的一定会做到，请大家给我些时间。”

大家看到剩下的那个朋友非常诚恳，就暂时答应了。那个人四处借钱，补上了大家的损失。他重视承诺的举动虽然使自己一时亏损了很多，但也为他赢得了人心。没过多久，他就重新把生意做得红红火火。

有些人把承诺当成空头支票，说了就算了；而有些人却把承诺当作一种荣誉，用尽全力去呵护。前者，成为大家眼里的“骗子”，失去了大家的信赖；而后者，不论做什么都能得到大家心甘情愿的拥护。

由此可见，遵守诺言是一个人安身立命的根本，不论什么时候，不论事情的大小，我们一定要遵守自己的诺言。